HISTOIRE
DES
GUERRES D'ITALIE.

IMPRIMERIE ET FONDERIE DE J. PINARD,
RUE D'ANJOU-DAUPHINE, N° 8, A PARIS.

HISTOIRE

DES

GUERRES D'ITALIE,

PAR X.-B. SAINTINE.

Ornée de Portraits, Plans et Cartes.

PARIS.
AMBROISE DUPONT ET Cie, LIBRAIRES.
ÉDITEURS DE L'HISTOIRE DE NAPOLÉON PAR M. DE NORVINS,
RUE VIVIENNE, N° 16.

1828.

HISTOIRE
DES
GUERRES D'ITALIE.

CAMPAGNES D'ITALIE.

Les Républicains traversent le Pô à Plaisance. — Combat de Fombio. — Mort du général Laharpe. — Combat de Codogno. — Conditions imposées au duc de Parme. — Passage du Pont de Lodi. — Beaulieu se retire vers Mantoue.

§ Ier.

L'ARCHIDUC Ferdinand, gouverneur du Milanais, appelait à son secours toutes les forces de la coalition, et sollicitait instamment du cabinet de Vienne de nombreux et rapides renforts.

De son côté, Beaulieu, réveillé par le danger qui menaçait la Lombardie, n'avait point attendu la fin des négociations entamées entre le roi de Sardaigne et la république française pour se mettre en sûreté, et, dès le 27 avril, il s'était replié sur Alexandrie, encore au pouvoir des Piémontais (1). De là, épiant tous les mouvemens de son rival, entretenant des intelligences secrètes avec les principaux d'entre les Sardes qui étaient restés contraires aux projets de pacification, il avait appris facilement les différentes clauses de l'armistice de Cherasco.

Celle qui dut le frapper le plus vivement fut le passage du Pô à Valence, que s'y réservait le général républicain, et la condition expresse qu'il y avait fait insérer,

---

(1) Un grand nombre de relations accusent le général autrichien d'avoir voulu, par surprise, enlever cette ville à ses anciens alliés; mais cette grave accusation n'est appuyée d'aucune preuve certaine.

portant que la forteresse de Valence, alors occupée par les troupes du roi de Naples, serait sur-le-champ évacuée par elles. Beaulieu crut avoir pénétré les intentions cachées du général français. Le doute à cet égard, s'il avait existé, dut cesser entièrement pour lui lorsque ses émissaires annoncèrent coup sur coup que tous les efforts de Bonaparte se dirigeaient de ce côté; que les sollicitations pressantes du jeune capitaine auprès de Victor-Amédée ne tendaient qu'à se faire fournir des barques par le gouvernement sarde, pour hâter le passage; que les vivres, les charrois, tout le matériel de l'armée française, semblaient n'avoir d'autre but que Valence. Aussi, dès le 2 mai, les Autrichiens franchissaient le pont de cette ville, le coupaient, et leurs forces principales, augmentées encore par la cavalerie napolitaine et par dix bataillons arrivés du Tyrol, prenaient position derrière le Pô, au camp de Valeggio. Wuckassowich se portait avec l'avant-garde sur la Sesia, le général Colli à Buffalora, et Liptay sur la rive gauche du Tésin. De forts retranchemens s'élevaient entre cette rivière et celle du Terdappio.

Là, fier de tant de préparatifs, Beaulieu attendait de pied ferme l'armée française, et c'est ce que voulait Bonaparte, qui, se jouant de la vieille expérience de son adversaire, le contraignait ainsi par ruse d'acculer ses forces sur un point que les Républicains ne songeaient point à attaquer.

Trop de difficultés se présentaient pour eux de ce côté, où, le fleuve du Pô traversé, on devait rencontrer encore d'autres rivières rapides, coupant transversalement les routes qu'il fallait tenir. Ces obstacles franchis, les bords du Tésin leur en offraient de nouveaux, de plus grands, tandis que le feld-maréchal y trouvait une excellente ligne de défense.

Il convenait aussi aux Français de paralyser d'avance, l'un après l'autre, les différens membres de la confédération italienne, afin d'isoler de plus en plus l'Autriche, et de la priver successivement des secours qu'elle pouvait recevoir de ses alliés. On allait commencer par le duc de Parme, Bonaparte voulant traverser le Pô à Plaisance.

Avare alors du sang de ses soldats, c'était en évitant l'ennemi qu'il voulait lui porter un coup mortel; et l'armée, pour triompher, n'avait qu'à obéir aveuglément aux mouvemens rapides et multipliés que lui faisait opérer son chef.

Afin d'entretenir Beaulieu dans ses fausses idées, Masséna, qui avait occupé Alexandrie presque aussitôt après le départ des coalisés, poussa de fortes reconnaissances entre la Cogna et Valence, tandis que Serrurier et Laharpe, par des routes différentes, se dirigeaient sur Tortone. C'est de cette ville, devenue le siége du quartier général, que partent coup sur coup les ordres qui vont faire se développer toutes ces masses d'hommes.

Dès le 3 mai (14 floréal), tandis que les troupes réparties à Salo, à Bosco, à Rivalta, à Asti, semblent se concentrer autour de Valence, que le général Pelletier tente de s'emparer du château de Serravalle, situé sur la Scrivia, et que le général Rusca établit une batterie au confluent de cette rivière, qui avoisine tout-à-fait Valence, Augereau, Masséna, Laharpe, Serrurier reçoivent l'ordre d'organiser chacun sur-le-champ un bataillon de grenadiers et un de carabiniers, composés d'hommes d'élite qui doivent se tenir prêts à marcher.

Le 4, des détachemens parcourent les bords du Pô pour s'emparer des bateaux qu'ils peuvent rencontrer et les réunir sur un seul point. Des pièces d'artillerie garnissent les bords du fleuve pour intercepter toute communication entre les deux rives.

Le 5, les généraux Laharpe, Augereau, Dallemagne et le chef de brigade Lannes (1) sont sommés de se rendre sur-le-champ, les deux premiers à Stradella et à Castellazzo, les deux autres à Castel-San-

---

(1) Lannes était alors chef de brigade surnuméraire, et avait provisoirement le commandement de la 69e demi-brigade.

Giovanni et à Casteggio, échelonnant ainsi la route de Tortone à Plaisance, et se rapprochant d'un but dont le général en chef a seul la connaissance.

Tout à coup, le lendemain, Bonaparte, à la tête de dix bataillons et de dix-huit cents hommes de cavalerie, se porte rapidement de Tortone à San-Giovanni, et le 7 au matin, après une marche de seize lieues, il est devant Plaisance.

Quelques détachemens autrichiens sont seuls sur la rive opposée du fleuve. Dallemagne se met à la tête des troupes; Lannes se jette dans les embarcations préparées; suivi d'une partie des grenadiers, il traverse audacieusement le fleuve, qui, dans cet endroit, n'a pas moins de deux cent cinquante toises de largeur, atteint la rive, et culbute deux escadrons de hussards autrichiens qui essaient en vain de lui disputer le passage. Un pont volant est établi. A deux heures après midi, l'avant-garde le traverse. La division du général Laharpe la suit, et le lendemain celle d'Augereau franchit le fleuve à son tour. Ainsi s'effectua ce passage qui, sans le génie de Bonaparte, eût pu coûter tant d'hommes à la France !

Les autres corps de l'armée, disposés en échelons, interrompirent aussitôt leur faux mouvement, pour se porter à marches forcées du côté de Plaisance. Beaulieu s'aperçut alors de la faute qu'il avait commise. Il envoya sur-le-champ à Liptay, qui, comme nous l'avons dit, occupait la rive gauche du Tésin, l'ordre de se jeter rapidement vers l'Adda, pour couvrir les forteresses de Pizzighettone et de Mantoue. Lui-même, jaloux de montrer que si son jeune rival le surpassait déjà en ruse, il ne lui était pas du moins supérieur en activité, se mit en route avec dix bataillons et deux escadrons, dans l'espoir de faire avorter l'entreprise des Républicains; mais la crainte d'une nouvelle surprise le troublant sans doute encore au milieu de cette sage résolution, il laissa imprudemment derrière lui une partie de son armée pour défendre Pavie et Buffalora, qui ne couraient aucun danger.

§ II.

Le 8 mai, Liptay se trouvait à Fombio avec cinq mille hommes. Déjà les murs extérieurs, les maisons, et jusqu'à l'église de ce village, étaient crénelés; les routes, défendues par des batteries; tout avait été mis par lui en état d'opposer une forte résistance, et les principaux corps de l'armée française n'avaient pu encore traverser le Pô. Il était donc de nécessité urgente de se débarrasser de Liptay avant l'arrivée de Beaulieu, qui eût alors, par la supériorité de ses forces, écrasé sans ressource les troupes de Laharpe, dont le quartier général campait à Emetri, près de Fombio, et à qui le fleuve interdisait tout moyen de retraite. Bonaparte arriva et fit ses dispositions pour l'attaque du village, enlevé vivement malgré la vigoureuse résistance de la cavalerie napolitaine, qui se distingua dans cette affaire, où elle supporta de grandes pertes. Liptay tenta en vain de se rallier à Codogno. Les vainqueurs l'en chassèrent, et, toujours le poursuivant vers l'Adda, le forcèrent de mettre enfin le fleuve entre eux et lui, en se réfugiant dans Pizzighettone, dont il arma à la hâte la forteresse, laissée presque sans défense.

Instruit par les prisonniers autrichiens faits dans la journée de Fombio, de l'arrivée prochaine de Beaulieu, Bonaparte se garda bien de chercher à conserver le terrain conquis. Après avoir donné l'ordre à Laharpe de garder Codogno, pour observer les routes de Pavie et de Lodi, il retourna à Plaisance, afin d'activer le passage des troupes restées sur l'autre rive du fleuve. Le lendemain, 9 mai, Masséna le traversa avec sa division, pour servir de réserve à Laharpe. Ce secours était nécessaire; car Beaulieu, débouchant par la route de Pavie, venait d'arriver dans les environs de Codogno.

Son avant-garde avait pénétré dans cette ville peu de moment après le départ de Liptay. La nuit était noire; neuf heures sonnaient lorsque la 51e demi-brigade, partie des bords du Pô et commandée par le général Ménard, y arriva, croyant y rencontrer les grenadiers de Laharpe, alors encore à la poursuite de Liptay. Dans la persuasion où ils étaient d'y trouver leurs frères d'armes, les Républicains s'avancèrent sans prendre aucune des précautions usitées à l'approche de l'ennemi. Déjà la tête de la demi-brigade, engagée dans la rue principale, était parvenue jusque sur la grande place de Codogno, quand les Autrichiens, voilés par d'épaisses ténèbres, dirigèrent contre les Français une vive fusillade qui les étonna plus encore qu'elle ne leur fit de mal. Les uns crurent à une méprise, les autres entrevirent la vérité et crièrent *en avant!* d'autres s'enfuirent, et la surprise, la nuit, la crainte de diriger leurs armes contre des compatriotes, commençaient à jeter une hésitation funeste parmi les plus braves, lorsqu'un tambour-major, nommé Idrac, rendit ses frères d'armes témoins d'un trait bien singulier de courage et de sang-froid : une lumière à la main, il s'avance au milieu de la place, sans songer qu'ainsi découvert il doit servir de but aux coups de l'ennemi. Les Autrichiens, démasqués, se disposaient à battre en retraite; il en saisit plusieurs à tâtons dans l'obscurité et les fait prisonniers (1).

Rien n'annonçait encore une affaire sérieuse, et cependant, sans que les ennemis pussent se glorifier d'un succès, les Républicains allaient payer bien chèrement les lauriers cueillis à Fombio.

§ III.

Le général Laharpe, abandonnant les traces de Liptay au premier bruit de la fusillade, avait hâté son retour à Codogno. Il arrive à la tête d'un faible détachement, trouve ses troupes dans le plus grand désordre, cherche à les rallier pour les conduire au combat, lorsqu'il apprend que les Impériaux commencent à battre en retraite. Il court aussitôt au devant d'une

---

(1) Idrac fit quinze prisonniers. (*Historique de la 5¹ᵉ demi-brigade de bataille.*)

demi-brigade à laquelle il avait précédemment donné l'ordre d'avancer. Ne l'attendant point de ce côté, troublés encore de l'apparition imprévue des Autrichiens, étonnés de ce bruit de chevaux qui vient à eux, ses soldats, ses propres soldats, l'accueillirent en ennemi, et une balle française frappa ce noble cœur, qui s'était avec tant de dévouement nationalisé français sous les batteries autrichiennes. Singulière destinée d'un héros qui, condamné à mort dans son pays natal, devait voir s'exécuter l'arrêt par les mains de ses compatriotes d'adoption !

Ainsi mourut, à quarante-deux ans, celui que le maréchal Luckner avait proclamé le *brave par excellence*, et que ses soldats surnommaient *le Juste*. Grenadier par la taille et par le cœur, selon l'expression de Napoléon, Laharpe semblait devoir fournir à l'histoire une des plus brillantes célébrités militaires de cette époque, où l'héroïsme se trouvait communément jusque dans les derniers rangs des soldats. Sa mort causa un deuil général dans l'armée ;

mais ce qu'elle eut d'extraordinaire n'en fournit pas moins à l'envie l'occasion de se signaler par des explications calomnieuses. On prétendit d'abord que les soldats, irrités de la sévérité de sa discipline, l'avaient frappé à bon escient. Les larmes et le désespoir de ses meurtriers, l'amour qu'ils lui portaient et dont ils avaient donné des preuves, même après Dégo, au milieu des excès d'une exaltation séditieuse, répondaient suffisamment à cette lâche calomnie. On voulut ensuite faire de sa mort un moyen d'accusation contre Bonaparte, qui, disait-on, était jaloux de son génie et de ses vertus. Cette atroce supposition, qu'on devait renouveler pour Desaix, à Marengo, fut bientôt méprisée comme elle devait l'être. En supposant tout sentiment d'honneur, tout mouvement de conscience éteint dans le cœur d'un homme de guerre, un ambitieux brise-t-il ainsi les plus solides instrumens de sa gloire ?

Mû par l'intérêt puissant qu'excite en nous le nom seul de Laharpe, de ce guerrier citoyen, de cet homme brave et bon, nous avons cherché avec soin à nous entourer des documens les plus sûrs, des renseignemens les plus positifs sur cette malheureuse affaire dans laquelle il perdit la vie, et qui fut rapportée de tant de manières différentes par les écrivains nationaux ou étrangers : nous croyons pouvoir répondre de l'exactitude des faits que nous avançons.

Les soldats, pour qui le merveilleux a toujours une sorte d'attrait, se plaisaient à répéter, long-temps encore après l'événement, que la veille de sa mort, au commencement de l'action de Fombio, Laharpe paraissait agité d'un pressentiment sinistre ; une inquiétude vague le tourmentait au point de lui laisser à peine la faculté du commandement. Cette disposition singulière ne l'abandonna pas même après le combat. Nous sommes loin de prétendre vouloir donner à cette bizarre circonstance plus de valeur qu'elle ne doit en avoir aux yeux des hommes éclairés ; mais elle devient remarquable en cela qu'elle affecta vivement l'imagination de Bonaparte (1), et contribua peut-être à faire naître en lui ce système de fatalisme vers lequel on sait qu'il penchait.

Il est digne de remarque que c'est dans les temps où la religion est méconnue et chez les individus enclins à l'incrédulité, que se développe le plus souvent cette funeste tendance de l'esprit par laquelle l'homme, cessant de s'appuyer sur les idées de morale divine, s'attache avec une espèce de superstition aux divers mouvemens de son ame, ne croit plus qu'en lui, et voit dans les pensées qui l'affectent violemment des révélations et des oracles.

§ IV.

On n'apprit que vers quatre heures du matin au quartier général la perte que venait de faire la République. Berthier accourut sur-le-champ à Codogno, pour ranimer les soldats, plongés dans la plus

---

(1) Les Mémoires qu'il rédigea à Sainte-Hélène en font foi; t. 3, p. 210.

profonde consternation. Il était temps, car Beaulieu, averti par ses éclaireurs, et profitant du désordre qui régnait au camp des Français, avait envoyé à Codogno le général Sebottendorf à la tête d'une forte colonne qui culbutait déjà les avant-postes, lorsque Berthier, ralliant les troupes, les enflammant d'ardeur par ses discours et son exemple, parvint enfin à arrêter les progrès des Autrichiens et à rendre la lutte au moins douteuse. Cependant les Impériaux, jaloux de réparer l'échec de la veille, développaient toutes leurs masses et redoublaient d'activité pour écraser les Français, lorsque le jour parut et vint changer les chances du combat.

Bonaparte arrivait au secours des siens : Sebottendorf le sentit, et ne voulut point attendre que ses troupes fussent en déroute pour ordonner la retraite. Sa division se retira d'abord dans le plus grand ordre devant les Républicains ; mais, assurés d'un prompt secours, ceux-ci, retrouvant bientôt leur impétuosité ordinaire, la harcelèrent avec tant de vigueur, qu'ils la rompirent entièrement, et l'eussent sans doute anéantie si la cavalerie napolitaine, commandée par le brave colonel Federici, n'avait, par des charges brillantes et multipliées, protégé, comme à Fombio, les soldats vaincus de l'Autriche.

Cependant, toujours acharnés sur les Impériaux, qui fuyaient vers Lodi pour y rejoindre Beaulieu, les Français ne ralentirent leur poursuite que pour se jeter sur la petite ville de Casal-Pusterlengo, dont ils s'emparèrent. L'ennemi laissa sur le champ de bataille la majeure partie de son artillerie et de ses bagages, et cette victoire de Codogno fut la fête funèbre offerte aux mânes de Laharpe par ceux qui, pour la première fois, venaient de vaincre sans lui.

§ V.

Beaulieu ne songeait plus qu'à concentrer toutes ses forces sur l'Adda, dans l'espoir de fermer aux Républicains la route du Milanais. Malgré son grand âge, forcé de payer encore chèrement les leçons de l'expérience, il s'était aperçu, à ses dépens, de la faute qu'il avait commise en disséminant ses forces; et des courriers avaient été dépêchés par lui vers les bords du Tésin et vers Buffalora, pour donner à Wuckassowich et à Colli l'ordre de le rejoindre aussitôt. Ce dernier devait se diriger d'abord sur Milan, y laisser une garnison dans la citadelle, et se rejeter ensuite sur Cassano, pour opérer sa jonction avec le feld-maréchal à Lodi.

§ VI.

Tandis que le maréchal organisait ainsi ses préparatifs de défense, le général français enlevait encore à l'empereur un de ses alliés, en traitant avec le duc de Parme et de Plaisance, dont il occupait le territoire. A peine la Trebia avait-elle été franchie, que les envoyés de l'infant, souverain de Parme, s'étaient présentés devant Bonaparte pour essayer de désarmer sa sévérité. Ce prince devait avoir des appréhensions d'autant plus fortes, qu'il avait précédemment refusé toute espèce d'accommodement, bien que Victor-Amédée et l'ambassadeur d'Espagne se fussent interposés comme médiateurs entre lui et les vainqueurs de Mondovi.

Bonaparte possédait déjà une partie des États du duc; l'autre, sans défense, n'attendait que l'effet de la volonté du général républicain pour se soumettre à discrétion; mais il sentit que l'occupation de ce duché n'améliorerait en rien sa position, affaiblirait inutilement son armée active, et pourrait mécontenter l'Espagne, qui invoquait sa générosité en faveur d'un prince de sa maison. Cependant le Directoire, pressé par un besoin impérieux d'argent, exigeait que l'on rançonnât fortement les provinces soumises; les soldats voulaient trouver l'abondance après la victoire, et Bonaparte lui-même venait de concevoir, dans un noble orgueil, le projet de décorer la France du fruit de ses conquêtes. Il reçut donc les marquis Pallavicini et della Rosa, députés vers lui par le prince; du ton d'un vainqueur irrité, il leur parla de devoirs sévères à remplir, d'injures à venger : « la fragile couronne de Parme était entre ses mains ; il la pouvait briser, il le devait sans doute. Il fallait que la République s'armât de rigueur envers ses ennemis vaincus, pour maintenir ses alliés et les neutres dans la ligne de leurs devoirs, et donner à réfléchir à ceux qui oseraient, dans leur aveuglement, nourrir l'espoir de se lever contre elle. Cependant il prenait en considération les vertus du souverain de Parme, l'intercession du roi d'Espagne, le fidèle allié de la France ; il voulait bien encore, en faveur du duc, se départir des instructions sévères tracées par les chefs de son gouvernement : mais il fallait verser sur-le-champ dans les caisses de l'armée un million cinq cent mille francs ; des habits, des vivres, des chevaux devaient être fournis aux troupes dans une quantité réglée par une commission nommée à cet effet ; deux hôpitaux établis dans Plaisance, aux dépens du prince, feraient le service de l'armée républicaine ; en outre, vingt tableaux des grands maîtres seraient concédés à la

France et envoyés à Paris. A ces conditions, Ferdinand resterait paisible possesseur de ses Etats; les Français y respecteraient et y protégeraient même les lois, le culte et les propriétés. »

C'était payer chèrement l'amitié de la République; mais Bonaparte avait toute facilité de prendre ce qu'il demandait, et beaucoup plus encore. Le duc souscrivit aux conditions imposées, et le général Cervoni fut dépêché vers Parme pour y veiller à l'exécution du traité et recevoir les tableaux.

Cette dernière clause sembla aux Parmesans la plus dure des obligations imposées par le vainqueur. Les petits peuples d'Italie, sans importance politique, accoutumés, selon les circonstances et la volonté des hautes puissances, à changer de lois, de limites, de maîtres; troqués les uns contre les autres, appartenant aujourd'hui à l'Autriche, demain à l'Espagne, ne plaçaient plus depuis long-temps leur orgueil national que dans la gloire de leurs artistes; car les arts seuls donnent une physionomie distincte à l'Italie moderne. Le souvenir de ce qu'elle fut autrefois ne revient à elle que pour l'humilier; son règne n'est plus que celui du génie; ses habitans ne retrouvent leur antique fierté qu'à l'aspect d'une bibliothèque, d'un théâtre ou d'un musée. Ses palmes, voilà ses conquêtes; ses musiciens, ses peintres, ses poètes, voilà ses héros; sa couronne est une couronne de laurier. Belle contrée! malheureuse Italie! tu dois le perdre encore un jour ce noble diadème; les feux mourans de ta liberté ont seuls, comme dans Rome, ton ancienne métropole, allumé les flambeaux brillans des sciences; mais ton siècle d'Auguste est déjà passé : l'Autriche pèse sur toi comme les barbares ont pesé sur la ville éternelle, et bientôt sans doute tu n'auras plus à t'enorgueillir que de la beauté de ton ciel et de tes rivages.

A la nouvelle de l'enlèvement de leurs tableaux, les Parmesans éclatèrent tous dans une douleur unanime; elle n'eut plus de bornes alors qu'ils apprirent que le chef-d'œuvre du Dominiquin, la Communion de saint Jérôme, se trouvait au nombre de ces toiles précieuses que la France avait exigées comme impôt. A force d'admiration pour cette production sublime, les habitans de Parme, même ceux des plus basses classes, étaient tombés dans l'idée superstitieuse que leur bonheur dépendait de sa possession : c'était le palladium de leur ville. Vivement touché d'une douleur qu'il partageait lui-même, Ferdinand, malgré l'épuisement de son trésor, qui le forçait de convertir son argenterie en numéraire, fit proposer secrètement à Bonaparte le don d'un million, s'il consentait à lui laisser ce tableau et à l'échanger contre un autre. Mais l'amour de l'or n'entrait pour rien dans les idées de Bonaparte : il refusa, glorieux de pouvoir offrir à la France un trophée digne d'elle.

§ VII.

Aussitôt que le général français eut signé à Plaisance son traité avec le duc de Parme, il se remit à la poursuite de

Beaulieu, dont il atteignit la dernière division le 10 mai, en avant de Lodi, sur les rives de l'Adda. Après une vive canonnade et une résistance assez prolongée, le colonel Melcalm, gendre du feld-maréchal, et qui commandait l'arrière-garde autrichienne, sentant l'impossibilité de résister aux Républicains, se retira en désordre dans Lodi, espérant encore se maintenir à l'abri de ses murailles. Mais quelques escadrons français y pénétrant en même temps que les Impériaux, Melcalm abandonna la ville, et passa sur la rive gauche de l'Adda, ne songeant plus qu'à rejoindre les divisions de Sebottendorf et de Roselmini (1).

Dans l'espoir cependant de reconqué-

---

(1) L'ennemi fuyait quand nous arrivâmes. Il s'était réfugié dans la ville et en avait fermé les portes. Impatiens d'y entrer les premiers, cinq de nos grenadiers grimpent sur la muraille, en s'entr'aidant, sautent dans la ville où ils trouvent encore des houlans, et se font ouvrir les portes. Leurs camarades s'y précipitent en foule et la ville est à nous.

(*Extrait de l'historique de la 32ᵉ demi-brigade.*)

rir Lodi, les Impériaux conservèrent le pont qui venait de faciliter la retraite de Melcalm, et prirent soin, pour en interdire le passage aux Français, de le mettre dans un état formidable de défense. De nombreuses pièces d'artillerie, dressées à son extrémité, devaient le balayer dans toute sa longueur, qui était de cent toises; deux batteries, composées chacune de dix canons de gros calibre, disposées obliquement à droite et à gauche, pouvaient croiser leurs feux et rendre l'approche du pont impossible. Si les Français parvenaient à le traverser malgré tant d'obstacles, le gros de l'armée, échelonné sur la rive, se tenait encore prêt à tomber sur eux et à les écraser, avant qu'ils eussent eu la faculté de reformer leurs rangs; car la prudence autrichienne, quoi qu'on en ait dit, avait tout prévu, tout calculé dans cette affaire, excepté la valeur emportée, téméraire, incroyable des soldats républicains.

Les Autrichiens avaient sur ce point douze mille hommes d'infanterie et quatre mille de cavalerie. Colli et Wuckassowich, par l'ordre de Beaulieu, s'étaient dirigés, le premier sur Milan, le second sur Cassano; tous deux fixaient surtout les regards de Bonaparte, qui espérait, à force de rapidité, pouvoir parvenir à les couper et faire leurs divisions prisonnières : il lui importait surtout de traverser l'Adda ce jour même. Cependant ses soldats, qui jusque là avaient combattu en courant, se trouvaient épuisés de fatigue; de plus, une partie de l'armée restait encore en arrière. Quelques heures furent données au repos des troupes; heures cruelles pour l'esprit du jeune général, qui pensait que chaque minute, chaque instant lui enlevait une chance de succès et rompait le fil de ses combinaisons! Lassé d'attendre vainement la division d'Augereau, il résolut enfin d'agir sans elle, ordonna au général Beaumont de remonter l'Adda à une demi-lieue au-dessus du pont, à la tête de sa cavalerie, de le traverser dans un endroit guéable avec une batterie d'artillerie légère, et aussitôt arrivé sur l'autre rive, d'attaquer l'ennemi sur son flanc droit.

Lui-même alors fait former en bataille un corps de quatre mille hommes, grenadiers ou carabiniers, et, dans une courte et vive harangue, leur annonce ce qu'il attend d'eux. Les généraux qui l'entouraient, effrayés d'un tel projet, cherchèrent en vain à lui démontrer l'impossibilité de son exécution : « Vous ne savez pas encore tout « ce que peuvent vos soldats, » leur répondit-il; et dans ce moment, s'apercevant que le général Beaumont commençait à former sa ligne sur la rive gauche, il fait établir une double batterie pour riposter à celle des Autrichiens. La charge bat : la tête de la colonne, composée du deuxième bataillon de carabiniers commandé par Dupas, se précipite sur le pont; le canon autrichien la rompt, mais inutilement : elle avance; les grenadiers la suivent au pas de course. Le feu de l'ennemi redouble : frappés sur leur front, sur leurs flancs par une effroyable pluie de boulets et de mitraille, les soldats, mutilés, hésitent et reculent. La voix de leurs chefs les rappelle à leur terrible devoir : ils s'élancent de nouveau, de nouveau la mort les repousse sur ce pont fatal, où des monceaux de cadavres marquent la place qu'ils ont occupée. Mais leurs chefs ont prévu les conséquences d'une déroute sur ce chemin étroit, construit en bois, et dont les appuis, brisés par le canon, n'existent plus en partie. Déjà le mouvement rétrograde, contrarié par l'immobilité des derniers rangs, en les accumulant sur un même point, a précipité une foule de braves dans les flots de l'Adda. Berthier, Masséna, Dallemagne, Cervoni, Rampon, Lannes, Marmont, Lemarois, Dupas, tentent un dernier effort, se font jour au milieu des soldats, se placent à leur tête, s'offrent les premiers aux coups de l'ennemi, et ce noble exemple fait cesser toute irrésolution dans l'ame des guerriers républicains.

Pressés les uns contre les autres, ils reprennent leur course, ne songeant plus ni aux difficultés à vaincre, ni au péril à braver; sourds au fracas épouvantable de l'artillerie ennemie, aux craquemens prolongés du pont, qui semble menacer de s'abîmer sous eux, ils marchent avec tant d'ardeur et en masses tellement serrées, que des témoins ont affirmé que, parmi les héros de cette grande journée, plusieurs, frappés de mort au milieu de leurs compagnons d'armes, n'en étaient pas moins arrivés debout avec eux jusqu'à l'extrémité du pont.

Le feu des batteries autrichiennes avait fait s'élever au-dessus du fleuve un nuage de fumée tellement épais, qu'il n'était plus possible aux coalisés de distinguer les mouvemens de leurs adversaires, qui soudain s'offrant à eux, tout sanglans, les assaillirent à la baïonnette, enfoncèrent leur première ligne et s'emparèrent d'une partie de leurs pièces.

Cependant, quoique Bonaparte eût fait soutenir ce grand mouvement de toutes ses forces disponibles, les Impériaux conservaient encore l'avantage du nombre et de la position. D'autres batteries avaient été démasquées et portaient de plus près et à coups plus sûrs le carnage au milieu de la colonne française, foulée par les chevaux napolitains. Beaumont opérait une bien faible diversion, n'ayant trouvé qu'un gué difficile où les hommes n'avaient pu passer que l'un après l'autre. Peut-être les Républicains, après tant d'héroïques efforts, allaient-ils être rejetés dans le fleuve ou contraints de regagner, en fuyant, ce pont dont la conquête leur avait coûté tant de sang, lorsque Augereau et Rusca parurent enfin avec de nombreux renforts et décidèrent de la déroute des confédérés, qui se retirèrent rapidement vers Fontana, où ils rallièrent leur infanterie. Les Français, après avoir, dans un même jour, fait dix lieues de marches forcées, livré deux combats, s'élançaient encore à leur poursuite ; mais la retraite de Sebottendorf fut de nouveau protégée par la cavalerie de Federici. Celle d'Augereau, qui seule pouvait compléter la défaite des vaincus et peut-être forcer la division entière à mettre bas les armes, avait en vain tenté de traverser le pont presque rompu et encombré de débris et de cadavres.

Les coalisés perdirent dans cette journée la plus grande partie de leur artillerie, de leurs caissons, de leur bagages, et comptèrent trois mille hommes mis hors de combat. La perte des Français fut immense : deux mille héros de l'armée d'Italie restèrent sur le champ de bataille (1).

---

(1) ORDRE DU JOUR *du 23 floréal an 4 (12 mai 1796).*

Le général en chef désirant faire connaître quels sont les braves grenadiers qui ont forcé, avec cette intrépidité dont les Républicains sont seuls capables, le passage du pont sur l'Adda, dans l'attaque du 21, à Lodi, ordonne au général Masséna de lui envoyer sans délai le nom des grenadiers dont étaient composées les deux premières sections qui ont fait l'attaque de la tête du pont. Son intention est d'en envoyer la liste dans leurs départemens, afin que leurs compatriotes sachent que la République n'a pas de plus braves défenseurs, etc.

Ordres, relations, ordres du jour et correspondance particulière d'Alexandre Berthier, chef de l'état-major général de l'armée (Campagne d'Italie, manuscrit, tome 1er).

§ VIII.

Bonaparte n'obtint pas de l'affaire de Lodi tous les résultats qu'il en avait attendus; car Colli et Wuckassowich, après avoir passé l'Adda à Cassano, gagnèrent rapidement la chaussée de Brescia. Les suites de ce fait d'armes éclatant furent cependant très favorables à l'armée française. Sebottendorf, toujours poursuivi, se retirait vers Crema. Beaulieu, désespérant désormais du succès, ne songeait plus qu'à chercher un abri derrière les fortifications de Mantoue, pour y garder la route du Tyrol. Augereau fut chargé d'inquiéter sa retraite, tandis que Serrurier, rappelé de Pavie, se dirigea vers Pizzighettone, pour seconder, de la rive droite de l'Adda, le siége de cette forteresse, que Masséna devait investir par la rive gauche avant que l'ennemi eût pris le temps de l'armer et de l'approvisionner. Le 12 mai, Masséna y était entré, ce qui avait décidé de la reddition de Crémone, dont les portes s'ouvrirent devant le général Beaumont.

§ IX.

Milan, qui ne comptait que dix-huit cents hommes de garnison, ne pouvait songer à résister au vainqueur de Beaulieu. La Lombardie était soumise d'avance par la terreur des armes républicaines. Les débris de l'armée autrichienne ne pouvaient plus tenir la campagne sans le secours d'une nouvelle armée. La rapidité des opérations du général français avait terrifié, découragé les chefs et les soldats (1).

---

(1) Napoléon raconte dans ses Mémoires qu'à cette époque, visitant, dans une ronde de nuit, le bivac des prisonniers, il y entama une conversation avec un vieux officier hongrois, sans se faire reconnaître de lui, et s'informa de l'état des affaires de Beaulieu. « Tout va mal, « lui répondit l'Allemand avec humeur ; il n'y a plus « moyen d'y rien comprendre ; nous avons affaire à un « jeune général qui est tantôt devant nous, tantôt sur notre « queue, tantôt sur nos flancs; on ne sait jamais comment « il faut se placer. Cette manière de faire la guerre est in- « supportable et viole tous les usages. » Le *jeune général* lui réservait bien d'autres motifs de surprise et de mécontentement.

Six semaines étaient à peine écoulées depuis l'arrivée de Bonaparte à l'armée d'Italie, et les Alpes étaient franchies ; le Piémont, les Etats de Parme et de Plaisance s'étaient soumis à la loi du vainqueur ; la Lombardie s'ouvrait devant lui, désarmée ; les phalanges presque anéanties de l'Autriche semblaient vouloir se retirer de la lice. Le nom de Bonaparte, déjà immortel pour l'histoire, était à peine connu aux extrémités de l'Europe.

Tant de gloire en si peu de jours, de si grands succès avec de si faibles moyens, venaient de lui révéler tout à coup le secret de sa force. Jusque là, comme il se plaisait à le répéter plus tard, admirateur des grandes réputations militaires qui remplissaient la France, il était loin d'oser croire pouvoir les égaler un jour. L'expérience n'était point encore venue consolider ses rêves d'orgueil. Ce ne fut qu'après la bataille de Lodi, que lui-même, se jugeant à sa juste valeur, se sentit assaillir des idées d'une haute ambition, ambition qui devait grandir encore au pied des Pyramides, s'accroître sans cesse et seule paraître plus grande que son génie aux peuples frappés de terreur et d'admiration. Non qu'à l'époque dont nous parlons ses idées de domination dussent déjà se tourner vers le pouvoir suprême : les circonstances lui en interdisaient l'espoir; il n'était pas encore le plus grand parmi ses rivaux, et ne pouvait s'isoler sans tomber. Les vanités de la gloire, l'honneur du commandement, l'espoir d'étonner le monde par de nouveaux exploits, d'imposer le respect et la crainte aux peuples, d'entrer comme arbitre dans leurs destinées, devaient lui suffire. N'étant rien que par la révolution, il vivait en elle et lui prêtait sa force; plus tard, c'était elle qui devait se fondre en lui et le pousser au trône.

CHAPITRE VII.

Note sur Milan et d'autres villes de la Lombardie. — Départ de l'archiduc. — Entrée de Bonaparte. — Espoir des patriotes milanais. — Ordres du Directoire. — Excès commis par les Français. — Dispositions hostiles du peuple.

§ Ier.

On attribue la fondation des principales villes du Milanais aux Gaulois d'Autun, qui, dans des temps reculés, vinrent s'établir sur les rives du Pô et du Tésin. Conquise par Rome, la capitale de la Gaule cisalpine, Milan, devint sous les empereurs la seconde ville de l'Italie, par le luxe, l'élégance de ses palais, la célébrité de ses écoles et la haute civilisation de ses habitans. Des flots de barbares l'inondèrent. Théodoric, à la tête des Ostrogoths, releva ses ruines, lui rendit une partie de sa splendeur, mais fit bientôt place aux soldats de Bélisaire et de Narsès. Du fond de la Scandinavie, les Lombards vinrent aussi, qui imposèrent leur nom à cette belle partie de la Péninsule. Les phalanges de Pepin et de Charlemagne y parurent à leur tour, pour arracher la couronne de fer à ces nouveaux souverains. Mais la France ne garda de leurs conquêtes qu'un vain titre pour ses rois. Puis enfin les princes de la contrée s'en disputent entre eux la possession ; puis les simples gentilshommes s'arment contre les grands feudataires ; puis encore les peuples se soulèvent indignés de tant d'excès et d'oppression ; des germes d'indépendance se manifestent de toutes parts, et les villes de la Lombardie se constituent bientôt en républiques fédératives.

A la fin du onzième siècle, Milan, Crémone, Pavie, Novare, Brescia, Tortone, Lodi, formaient autant de petits états distincts, bien que gouvernés par des institutions à peu près semblables. Cette liberté qu'ils avaient conquise était loin de ressembler à celle qui, de nos jours, paraît vouloir s'établir en Europe et règne déjà vers l'Atlantique. La voix du peuple était seule souveraine chez les Lombards; les grandes factions s'y disputaient la puissance absolue; on proscrivait, on tuait ses opposans, quitte à les rappeler ou à les pleurer plus tard. Cependant cette barbare et incomplète liberté donnait encore du relief aux grandes âmes, les jetait en dehors, agitait les masses, développait leur industrie, et, sous ce régime exalté, la plupart de ces démocraties arrivèrent à un degré de splendeur et de fortune qu'elles n'auraient pu espérer sous leurs anciens maîtres.

Notre projet n'est point d'entamer ici l'historique de ces républiques, ni d'exposer les longues querelles des partis guelfe et gibelin qui naquirent alors. Comme tous les pays où la liberté n'est que politique et non civile, où le peuple n'est gouverné que par des passions et non par des lois immuables et modérées, les villes libres de la Lombardie tombèrent sous le pouvoir d'un seul au commencement du quatorzième siècle. Milan échut à la famille des Visconti, dont l'autorité y devint héréditaire. Pavie, Novare, Tortone, changèrent souvent de tyrans, grâce au droit terrible de la révolte. Il y avait cependant encore de la nationalité dans le pouvoir de ces nouveaux souverains ; et l'abaissement du pays, sous eux, n'était qu'un acheminement vers une chute beaucoup plus grande.

La puissance impériale, qui depuis longtemps avait des prétentions au protectorat de l'Italie, y reparut et ne fit qu'y réveiller les fureurs des Guelfes et des Gibelins. Visconti résista dans Milan, accrut sa puissance ; et, vers le milieu de ce siècle, seize villes importantes reconnaissaient le pouvoir de cette ambitieuse maison. Alors le Dante et Pétrarque expiaient par des persécutions le crime d'aimer une patrie qu'ils devaient illustrer.

Sous les princes lombards, les grandes vertus, les grandes actions s'effaçaient de jour en jour. La perfidie et les forfaits de toute espèce étaient les moyens ordinaires de cette politique dont Machiavel fut l'effrayant historien. Ils ne comptaient pas assez sur l'affection de leurs sujets pour leur confier leur garde ou la défense d'un pouvoir qu'ils avaient usurpé sur eux. Ils cherchèrent donc à s'attacher ces bandes nombreuses de mercenaires aventuriers qui, sous le nom de *Condottieri*, remplissaient l'Italie. On conquérait alors, dans cette espèce de chevalerie, non seulement de l'or et des honneurs, mais parfois une couronne. Les Visconti l'éprouvèrent. Pour résister au célèbre Condotierro Carmagnola, dont il avait excité la vengeance par une injustice, le duc de Milan est contraint d'appeler auprès de lui un autre chef d'aventuriers, François Sforce, qui doit lui succéder un jour, malgré les efforts du peuple pour recouvrer son ancienne liberté.

Les descendans de Sforce ne régnèrent qu'au milieu de tourmentes révolutionnaires, et les cinq premiers moururent de mort violente.

Vers la fin du quinzième siècle, tous les rois de l'Europe, sortant d'une lutte acharnée avec leurs grands vassaux, sentaient le besoin d'ouvrir un débouché aux passions turbulentes de cette noblesse imparfaitement soumise : ils se jetèrent dans les guerres étrangères. Le roi de France Charles VIII, excité par le duc de Milan, traverse l'Italie pour conquérir le royaume de Naples ; trahi par Sforce, il perd bientôt le fruit de ses victoires, et meurt en songeant à se venger. Ce soin était réservé à son successeur Louis XII, qui se regardait comme le souverain légitime du Milanais, par les droits que lui avait légués son aïeule Valentine de Visconti. Trivulce soumit rapidement, en son nom, dix cités appartenant à Louis Sforce, surnommé le Maure. Milan ouvrit ses portes aux Français. Le duc, après s'être relevé de sa chute, succomba de nouveau et termina sa vie dans les fers.

Cependant un nouveau cri de liberté retentit dans le Milanais. Le pape Jules II s'arme du glaive contre les étrangers qui désolent l'Italie. Gaston de Foix y soutient quelque temps encore la fortune de la France, et meurt au sein d'une victoire remportée sur les Espagnols, qui combattaient pour Jules.

François 1er recommence la lutte, triomphe à Marignan, et devient maître du Milanais, après en avoir payé la possession à Léon x, par le sacrifice des libertés de l'église gallicane. Ce fut alors que commencèrent ces funestes querelles de rivalité entre le monarque français et le roi d'Espagne, qui venait d'être investi de la couronne impériale. La Lombardie servit encore de champ de bataille aux deux ennemis, et le roi de France courut de lui-même au devant de la journée de Pavie, où il fut fait prisonnier.

Le traité de Cambray (1529) livra l'Italie aux mains de Charles-Quint. La maison d'Este, qui possédait Modène, Reggio et Ferrare; celle de Gonzague, maîtresse de Mantoue, conservèrent seules leurs anciennes possessions, comme feudataires de l'empire Le reste de la

Lombardie devint une province espagnole.

C'est depuis cette époque qu'un sommeil de mort pesa sur l'Italie. L'esclavage amena bientôt la misère et la famine au sein de ces campagnes autrefois si florissantes. La Lombardie, épuisée, accepta tout du vainqueur, excepté le sanglant tribunal de l'inquisition, que Philippe II tenta en vain de lui imposer.

Richelieu et, après lui, Louis XIV, qui cherchaient de toutes parts à combattre la puissance espagnole, voulurent rappeler les Milanais à l'indépendance. Mais les cœurs étaient fermés à l'espoir, usés par le repos, par la misère, par l'avilissement des mœurs érigé en système. L'énergie républicaine était morte. Les guerres de la succession amenèrent seules un changement politique dans la situation de ces malheureuses contrées. Par les traités d'Utrecht et de Radstadt, les duchés de Milan et de Mantoue échurent en partage à la maison d'Autriche.

Tant de querelles sanglantes, qui avaient

fait du Milanais un éternel champ de bataille, nécessitaient de la part du nouveau possesseur les mesures les plus promptes et les plus efficaces, pour le tirer de l'état déplorable où il était tombé. La maison impériale ne se montra pas indigne d'un tel rôle. L'agriculture et l'industrie furent rappelées dans ces belles campagnes, dépeuplées et ravagées par la guerre. Sous le règne de Joseph II, les améliorations continuèrent, et non seulement le commerce y reprit son essor, mais on y vit avec étonnement les lettres et les sciences y jeter un nouvel éclat. L'université de Pavie, où l'illustre Beccaria occupait une chaire, se rendit bientôt célèbre dans toute l'Europe éclairée. C'est en Lombardie qu'Alfieri et Parini florissaient sous la protection de l'empereur. Léopold, frère et successeur de Joseph, gouverna ce beau pays d'après les mêmes principes. Pour être durable, il fallait que le joug autrichien fût modéré. La politique, cette fois, tourna au profit du peuple; et les Lombards eussent été heureux, s'il pouvait exister pour les nations une prospérité constante sous des maîtres étrangers. L'Autriche devait plus tard punir cruellement le Milanais de s'être associé pendant vingt ans à la gloire de la France. Mais il était paisible lorsque notre révolution donna de nouveau le signal des combats dans toute l'Europe.

L'Empire, plus que tout autre puissance, dut être effrayé de ces cris de liberté, qui pouvaient franchir les Alpes, y réveiller les populations endormies, et lui arracher ses riches provinces d'Italie. Aussi, non contente de s'armer la première pour étouffer l'hydre nouvelle, cette puissance employa-t-elle tous ses efforts pour garantir la Lombardie de l'atteinte des nouvelles doctrines. Les Républicains lui furent représentés comme des hommes sans frein, sans religion, ne connaissant de lois que la rapine et le meurtre. Malheureusement les partisans de l'Autriche pouvaient appuyer leurs discours par des preuves. Cependant, en voulant exciter l'indignation dans l'ame de ces peuples énervés, ils n'y firent naître que l'effroi, effroi que vinrent augmenter encore les désastres de Dewins et la conquête du Piémont.

§ II.

L'archiduc Ferdinand commandait dans Milan au nom de l'Empereur. En apprenant la marche rapide de Bonaparte, le passage du Pô par les Français, saisi d'un douloureux étonnement, ce prince ne put expliquer des succès si prompts que par une trahison de Beaulieu, et sa terreur éclata en imprécations contre ce général. Tout espoir de résistance étant interdit à la ville, qui ne possédait que dix-huit cents hommes de garnison, laissés par Colli pour la défense de la citadelle, on ne songea plus qu'à implorer les secours du Ciel. Des processions eurent lieu autour des remparts, des prières publiques furent ordonnées. Les églises regorgeaient de peuple, qui s'attroupait jusque dans les rues pour prier devant les madones. Mais nul ne songeait à prendre les armes : on ne défend point une patrie qui ne nous appartient plus.

Pour maintenir l'ordre parmi les citoyens, l'archiduc fit ensuite organiser à la hâte une garde urbaine. S'occupant aussi de sa propre sûreté et de celle de sa famille, il envoya sa femme et ses enfans à Mantoue, où lui-même devait bientôt aller les rejoindre. A la nouvelle de ce départ, les imaginations s'effrayèrent de plus en plus, et les routes de Milan furent couvertes d'une foule d'équipages, de chariots et d'habitans désespérés, qui cherchaient à soustraire aux vainqueurs leurs effets les plus précieux.

Une junte provisoire fut nommée, après l'affaire de Lodi, pour exercer l'autorité en l'absence de l'archiduc, qui partit le même jour, entraînant à sa suite le reste des personnes attachées à l'administration autrichienne.

Cependant, au milieu de cette confusion, se montrait déjà dans Milan, en faveur des Français, un parti qui semblait pronostiquer aux Lombards le retour de l'antique splendeur et de la liberté. Faible d'abord, le nombre des patriotes s'augmenta bientôt de tous ceux qui n'avaient rien à perdre et tout à gagner dans un changement de gouvernement. Quoique, pendant les trois jours qui séparèrent le départ de l'archiduc de l'entrée des Français dans la ville, aucun excès remarquable n'ait eu lieu, des groupes se formaient sur les places publiques, des orateurs haranguaient le peuple au coin des rues, les quolibets pleuvaient sur le chef de la maison d'Autriche, et ses armes, gravées sur les monumens publics, disparaissaient sous la boue ou ne se montraient plus qu'entourées d'une devise injurieuse. Toutes les personnes employées par l'ancien gouvernement, et qui auraient pu avoir quelque crédit sur l'esprit populaire, ayant déjà quitté la partie, chacun ne songeait qu'à se ménager la clémence du vainqueur, peut-être ses bonnes grâces.

§ III.

La division de Masséna, formant l'avant-garde de l'armée, fit son entrée le 14 et fut reçue à la porte Romaine par la municipalité. Mais c'était le général Bonaparte que la curiosité publique attendait.

Une députation présidée par le comte Melzi était allée, la veille, jusqu'à Lodi, pour lui porter les clefs de la ville et les prières des habitans, qui se confiaient en sa générosité, protestant de leur neutralité réelle dans cette guerre, où les Autrichiens seuls avaient été ses ennemis. Le vainqueur accueillit la députation avec bonté, et chargea Melzi de rassurer les Milanais sur ses intentions : leurs personnes, leurs biens et leur religion devaient être respectés.

Le 15 mai, escorté par un nombreux état-major et précédé des grenadiers de Lodi, il fit son entrée solennelle dans Milan, et reçut aux portes de la ville les félicitations réitérées des envoyés de la noblesse et de la bourgeoisie. La garde nationale, revêtue des couleurs lombardes, rouge, verte et blanche, formait la haie et abaissa ses armes devant lui, en signe d'hommage et de soumission. Le peuple, que sa réponse à Melzi avait tout-à-fait disposé en sa faveur, le reçut avec des cris de joie : les uns, entraînés qu'ils étaient par leur haine pour l'Autriche et par l'espoir de voir l'égalité républicaine s'établir au milieu d'eux; les autres, cédant à l'attrait de la nouveauté, à la pompe du cortége, et peut-être dominés par l'enthousiasme que faisaient éclater les premiers ; d'autres encore, sans doute, ne voyaient plus que les exploits du jeune héros, que relevait à leurs yeux son origine italienne.

Quoi qu'il en soit de l'éclat de cette réception, nous nous garderons bien d'affirmer que tous les Milanais y prirent une part active. On a trop prodigué aux peuples qui changent de maîtres ou de formes de gouvernement ce reproche banual de versatilité. Les villes fortes et populeuses renferment toujours nécessairement, à ces époques de troubles, deux grandes divisions d'intérêts et d'opinions. Il suffit qu'un quart des habitans accueille avec faveur le parti victorieux, pour que la ville tout entière paraisse prendre part au triomphe. En vain les mécontens, qui formeront le grand nombre, resteront enfermés chez eux : les autres agissent, se montrent, remplissent les rues, couvrent les places publiques, s'entassent sur le passage du nouveau venu, et doivent sembler représenter, à l'œil abusé, la presque totalité des citoyens. Si Beaulieu était parvenu à chasser les Français de Milan, l'archiduc, rentré deux jours après Bonaparte, y eût probablement reçu le même accueil que lui, sans qu'il soit prouvé pour cela que les spectateurs eussent été les mêmes.

Le général français habita le palais que l'archiduc avait déserté quelques jours auparavant. Un repas de deux cents couverts y fut servi par les ordres de la municipalité; et cette grande journée où, pour la première fois, Bonaparte savourait les plaisirs du pouvoir, se termina par un bal brillant (1).

---

(1) Ce même jour, le Directoire signait à Paris le traité avec le roi de Sardaigne, et ordonnait la célébra-

Dès le lendemain, il avait repris ses travaux guerriers, et donnait ses ordres pour activer le siége de la citadelle. Les habitans de Milan, alarmés de ces préparatifs, firent avec le gouverneur autrichien une convention par laquelle il s'engagea à respecter la ville et à ne tirer que sur les troupes qui menaçaient la forteresse. Le général Despinois, nommé gouverneur de Milan, fut chargé du blocus.

§ IV.

La Lombardie offrait à l'armée des ressources qu'elle n'avait encore trouvées nulle part. L'aisance avait ramené la modération et la gaieté parmi nos soldats; aussi les habitans de Milan, charmés et surpris de trouver dans ces fiers Républicains, qu'on leur avait dépeints si cruels et si farouches, l'abandon de la confiance et les dehors de l'enjouement, se livrèrent bientôt avec eux

---

tion d'une fête, dite *des victoires*, en l'honneur des armées de la République.

à la plus douce fraternité, et ces hôtes terribles purent se croire quelque temps au milieu de leurs compatriotes.

A la même époque, cessant d'être contenus par la présence des Autrichiens, ou peut-être redoutant les suites de quelques mouvemens révolutionnaires qu'ils avaient tentés dans diverses contrées de l'Italie, les partisans du régime républicain accouraient de toutes parts à Milan, qu'ils croyaient devoir être bientôt le siége de la liberté italienne. Réunis aux patriotes lombards, ils entouraient Bonaparte de supplications, dans l'espoir de lui voir réaliser leur espérance. Celui-ci souriait à leurs vœux, les approuvait, sans vouloir cependant les seconder ouvertement. Pour s'appuyer sur un parti national qu'on pût avec avantage opposer à celui qui tenait encore en secret pour l'Autriche, force était de favoriser cet élan; mais Bonaparte connaissait les intentions du Directoire, et n'osait parler de liberté à un peuple dont on le chargeait d'être le spoliateur et le fléau.

Le cabinet du Luxembourg lui marquait

dans ses instructions que, d'après la tournure que prenaient les événemens, la Lombardie devant sans doute être rendue à l'Autriche ou cédée au Piémont, soit en dédommagement des Pays-Bas, soit pour engager Victor-Amédée à joindre ses armes à celles de la France, il ne fallait pas craindre d'épuiser cette province par des contributions et de l'affaiblir sous le poids de l'armée. « Il faut que les canaux et les « grands établissemens publics de ce pays, « que nous ne conserverons pas, ajoutait- « il, se ressentent un peu de la guerre. »

Le général français sentait combien ce cruel système d'oppression entravait sa marche et créait de difficultés autour de lui ; mais non seulement l'armée d'Italie, par la force des circonstances, devait subsister aux dépens du pays qu'elle occupait, mais encore il lui fallait conquérir des trésors pour soutenir le gouvernement directorial, dont les finances étaient dans un délabrement complet, surtout depuis la suppression des impôts indirects. C'est agité de ces tristes pensées que *le libéra-*

teur de Milan avait entendu les acclamations qui l'accueillirent à son entrée; et qu'il voyait encore autour de lui le peuple, à l'instar de celui de France, planter partout des arbres de la liberté, les orner de festons, ouvrir des assemblées patriotiques, et, au milieu des cris, des chants et des danses, rêver des jours de bonheur et de liberté.

§ V.

Les plus douces de ces illusions durent disparaître le lendemain. Une contribution de vingt millions fut imposée à la ville; les caisses archiducales enlevées, le mont-de-piété lui-même, dépouillé en partie par les vainqueurs. Cette dernière action doit-elle être imputée aux ordres du général en chef ou à ceux des commissaires du Directoire ? Nous l'ignorons ; mais la plus brillante réputation militaire en eût été flétrie.

En vain Bonaparte voulut affaiblir le coup en le faisant tomber principalement sur les riches et surtout sur le clergé, qui, sous le gouvernement impérial, n'était pas soumis à la taxe des impôts; en vain, pour rendre la contribution moins pesante aux habitans, il ordonna qu'une partie de l'argenterie des églises fût fondue et consacrée à l'extinction de cette nouvelle dette de la ville : les danses et les fêtes avaient cessé; les cris de joie du peuple ne le saluaient plus que rarement sur son passage. Les patriotes seuls, affectant un superbe mépris pour les vanités du luxe et des arts, attendaient de l'avenir d'amples dédommagemens.

La conduite individuelle de la plupart des soldats français ramena encore à eux une partie de la population. Mais, dans les autres cités lombardes et dans les campagnes, l'exaltation était à son comble. Les soldats y séjournaient antérieurement à l'occupation de Milan, et s'y livraient à des vexations d'autant plus répétées, qu'ils pouvaient plus facilement se soustraire à la vigilance de leurs chefs. Leur galanterie même auprès des femmes alarmait l'ombrageuse susceptibilité des villageois, qui, menacés dans leur fortune et dans leur honneur, maudissaient l'arrivée de tels hôtes, et ne mettaient pas un assez haut prix à la liberté pour vouloir la payer si cher.

Déjà, dès le 9 mai (20 floréal), le brave général Dallemagne avait écrit au général en chef : « J'ai fait de vains efforts jusqu'à « ce jour pour arrêter le pillage : les gar- « des que j'ai établies ne remédient à rien. « L'homme honnête et sensible souffre et « se déshonore en marchant à la tête d'un « corps où les mauvais sujets sont si nom- « breux. Il faudrait des exemples terribles; « mais ces exemples, j'ignore si j'ai le pou- « voir de les donner. »

Ces exemples terribles, les Lombards les préparaient; car à ces désordres, contre lesquels s'élevaient hautement tout ce qu'il y avait d'hommes probes et généreux parmi les Français, se joignaient encore les désordres autorisés.

Les commissaires de l'armée, bien qu'annonçant que tout serait payé avant peu sur la contribution de guerre, s'emparaient des vivres, des chevaux et de tous les objets nécessaires aux troupes, ne laissant à l'habitant qu'un simple récépissé, dont le plus souvent il ne concevait pas la valeur. Les nobles, attachés au parti de l'Autriche, et les membres du clergé, qui tremblaient pour leurs biens et pour leurs prérogatives, entretenaient avec soin le ferment de haine que laissaient dans tous les cœurs les excès des Républicains. On répandait sourdement mille bruits pour exagérer les exactions commises ou pour ranimer l'énergie italienne : Beaulieu, selon leur dire, revenait à la tête d'une armée formidable; les Anglais étaient à Nice; Victor-Amédée rentrait en ligne, et l'armée du prince de Condé descendait des monts de la Suisse sur les rives du Tésin. Et pour frapper plus vivement encore des imaginations crédules, on avait soin de représenter les excès commis comme un acheminement à des excès plus grands, et les actions blâmables de quelques soldats comme tenant à un plan général, où il ne s'agissait pas moins que d'abolir entièrement la religion en Italie : le rapt de l'argenterie des églises en faisait foi; de plonger le peuple dans la plus affreuse misère; en fallait-il d'autres preuves que l'attentat du mont-de-piété? Les alarmistes ne s'arrêtaient pas cependant en si beau chemin. Les campagnes devaient être ravagées de fond en comble, les plantations détruites, les canaux comblés, les routes bouleversées, pour ne laisser qu'une terre inculte et sauvage aux Autrichiens, qui s'avançaient. Tant de fléaux annoncés n'exaspéraient-ils pas encore assez toutes les passions haineuses, les habitans de la contrée devaient être arrachés du sol natal pour repeupler quelques provinces de la France que la guerre avait rendues désertes. Les paysans lombards, les classes laborieuses des cités doutèrent d'abord de la véracité de pareils bruits; puis bientôt ils y ajoutèrent foi en se les répétant. Alors tous, en foule, coururent au pied des autels chercher le pardon des fautes qu'ils avaient commises, peut-être des meurtres qu'ils méditaient, et se préparèrent à combattre du stylet et du poignard.

CHAPITRE VIII.

Esprit du soldat. — Le Directoire veut diviser l'armée d'Italie. — Armistice avec le duc de Modène. — Deuxième proclamation à l'armée. — Révolte de Pavie. — Bonaparte arrive à Brescia.

§ 1er.

On jugerait bien faussement de la position du général en chef de l'armée française, si l'on s'imaginait qu'à cette époque où nous sommes arrivés il eût déjà sur ses soldats l'autorité impérieuse qu'aujourd'hui son nom seul semble entraîner avec lui. Les soldats de l'armée d'Italie, nourris d'idées d'indépendance souvent fausses et exagérées, naguère encore accoutumés à la familiarité avec leurs chefs, ne se départirent que lentement de leurs anciennes habitudes. On pouvait tout espérer d'eux par l'impulsion de la gloire et du patriotisme, bien plus que par l'obéissance qu'ils devaient aux ordres de leurs supérieurs. On en avait obtenu la discipline la plus rigoureuse dans les Alpes, au milieu des privations de toutes sortes, parce que dans ce cas la discipline était de l'héroïsme. Les circonstances avaient changé: ils ne plaçaient plus leurs vertus que dans la victoire, et leur caractère de fougue et de légèreté réagissait dans toute sa force. Si le général en chef, pour arrêter les abus, menaçait d'user de rigueur, on lui répondait du haut de l'égalité républicaine; car tous les gouvernemens qui jusqu'alors s'étaient succédé en France n'ayant jamais songé qu'à flatter les armées, par le besoin qu'ils en avaient, elles étaient loin de se douter du plus important de leurs devoirs. De là tant d'excès d'autant plus difficiles à contenir, que les moyens répressifs paraissaient odieux à des hommes dont les vertus avaient été volontaires.

Si cette malheureuse disposition de la

force agissante devait nuire aux succès du général en chef, des obstacles non moins alarmans se présentaient encore pour lui d'un autre côté. Un homme, au milieu de son camp, pouvait s'arroger parfois un pouvoir égal, supérieur même au sien; cet homme était Salicetti, commissaire du Directoire auprès de l'armée d'Italie, et chargé d'improuver ou de ratifier les actes les plus essentiels du généralat. Censure désolante, insupportable pour un guerrier dont le génie était tout de promptitude et d'inspiration. Ainsi que la Convention, le Directoire ne plaçait jamais qu'une demi-confiance dans ses principaux agens, et prétendait commander ses armées par ambassadeurs. Les résultats inouïs obtenus par Bonaparte après un mois de campagne, auraient dû lui mériter la confiance du gouvernement; mais plus il se montrait audacieux, plus celui-ci devenait timide. Étonné de tant de succès qu'il n'avait pu prévoir, il craignit que beaucoup de témérité n'eût été favorisée par beaucoup de hasard; et, s'effrayant de la bonne fortune du vainqueur de Montenotte et de Dégo, craignant de voir s'échapper de ses mains les provinces déjà conquises sans en avoir tiré tout le parti qu'il en pouvait espérer, il résolut de diviser les forces d'Italie en deux armées, dont l'une serait confiée à la vieille expérience de Kellermann.

Bonaparte, vainqueur à Lodi, marchait sur Milan, lorsqu'il reçut la lettre du Directoire, qui lui ordonnait de se porter sur Livourne *pour y châtier les Anglais*, qui l'occupaient, en apparence, contre la volonté du grand-duc de Toscane. Kellermann, abandonnant l'armée des Alpes, restée comme corps d'observation du côté de la Savoie, devait lui succéder dans le Milanais, et diriger ses forces vers le Tyrol, pour y poursuivre les débris de Beaulieu. Deux généraux en chef se trouvaient ainsi placés à la tête de ces deux grandes divisions, qui allaient reprendre les anciennes dénominations d'armée d'Italie et d'armée des Alpes : Salicetti était l'intermédiaire tout puissant placé entre elles deux. Bonaparte fut indigné de cet excès maladroit de prudence, qu'il taxait déjà d'ingratitude. La veille de son entrée à Milan, il écrivit au Directoire :

« J'ai fait la campagne sans consulter personne; je n'eusse rien fait de bon s'il eût fallu me concilier avec la manière de voir d'un autre. J'ai remporté quelques avantages sur des forces supérieures et dans un dénuement absolu de tout, parce que, persuadé que votre confiance se reposait sur moi, ma marche a été aussi prompte que ma pensée.

« Si vous m'imposez des entraves de toute espèce; s'il faut que je réfère de tous mes pas aux commissaires du gouvernement, s'ils ont droit de changer mes mouvemens, de m'ôter ou de m'envoyer des troupes, n'attendez plus rien de bon. Si vous affaiblissez vos moyens en partageant vos forces, si vous rompez l'unité de la pensée militaire, je vous le dis avec douleur, vous avez perdu la plus belle occasion d'imposer des lois à l'Italie.

« Dans la position des affaires de la République en Italie, il est indispensable que vous ayez un général qui ait entièrement votre confiance : si ce n'était pas moi je ne m'en plaindrais pas, mais je m'emploirais à redoubler de zèle pour mériter votre estime dans le poste que vous me confieriez. Chacun a sa manière de faire la guerre : le général Kellermann a plus d'expérience et la fera mieux que moi, mais tous les deux ensemble nous la ferons fort mal.

« Je ne puis rendre à la patrie des services essentiels qu'investi entièrement et absolument de votre confiance. Je sens qu'il faut beaucoup de courage pour vous écrire cette lettre : il serait si facile de m'accuser d'ambition et d'orgueil! Mais je vous dois l'expression de tous mes sentimens, à vous qui m'avez donné dans tous les temps des témoignages d'estime que je ne dois pas oublier. »

Le Directoire se désista; mais le coup était porté, et le favori de Barras se crut dès lors quitte de toute reconnaissance envers ceux qui l'avaient poussé au généralat en chef. Sa haine même contre eux, bien que déguisée en mépris, leur fut dévolue dès ce moment; le 18 brumaire devait leur en révéler toutes les conséquences. Ayant contraint le Directoire de faire un pas en arrière devant lui, Bonaparte sut se prévaloir de sa position pour s'affranchir peu à peu, durant le cours de ses campagnes en Italie, d'une tutelle qui lui pesait. Par la suite, ses actes administratifs, plus libres, plus hardis, se sentiront moins de l'influence du cabinet du Luxembourg.

§ II.

Quoique appréhendant alors une destitution, il ne s'occupait pas moins à donner rapidement au Milanais un nouveau mode d'administration. La garde nationale fut placée sous le commandement du patriote Menster; le conseil des décurions fut remplacé par un corps municipal, dont firent partie, sous la présidence du général français Despinois, le duc Galeazzo Serbelloni, François Visconti, Parini, Verri et d'autres hommes non moins recommandables, depuis long-temps environnés de l'estime publique ; leur adhésion au système français lui donna bientôt de nouveaux partisans parmi les hommes les plus éclairés : Piantanida, Anelli, Reina, avocats et jurisconsultes distingués; Appiani et Casti, célèbres tous deux, l'un comme peintre, l'autre assez connu par son poëme des *Animaux parlans*, embrassèrent avec chaleur la nouvelle réforme, et la soutinrent par leurs discours et par leurs écrits. Des membres même du clergé s'y montrèrent entièrement favorables : le moine Nani prêcha hautement le saint accord de la religion et de la liberté. Pour se populariser dans l'esprit des Italiens, Bonaparte se déclara le protecteur des artistes et des savans, les appela près de lui, les fréquenta, excita leur zèle par des éloges et par des bienfaits, et tenta de réhabiliter à leurs yeux le gouvernement républicain, accusé jusque là d'ignorance et de vandalisme.

Pendant ce temps, les colonnes de l'armée se portaient en avant à la poursuite des Impériaux. Le 17 mai, la ville de Côme s'était livrée aux Français. Le duc de Modène, effrayé de leur approche, avait fui vers Venise, emportant une partie de ses trésors.

Dernier prince de la célèbre maison d'Este, immortalisée par l'Arioste et le Tasse, ce vieillard possédait encore les duchés de Reggio et de la Mirandole, qui, ainsi que Modène, devaient passer après lui à la maison impériale d'Autriche, par le mariage de sa fille Béatrix, son unique héritière, avec l'archiduc Ferdinand. Le 20 mai, un armistice fut signé à Milan entre le général en chef et le comte de San-Romano, député vers lui par le conseil de régence établi à Modène pendant l'absence du souverain. Le duc reçut à peu près les mêmes conditions que le prince de Parme, sinon que, sur sa réputation d'avarice et d'opulence, le vainqueur exigea de lui une somme de sept millions en numéraire, qui dut être versée dans les caisses de l'armée. Des plénipotentiaires partirent ensuite pour Paris, afin de traiter de la paix définitive avec le gouvernement français. Mais il n'entrait pas dans les idées du Directoire de l'en tenir quitte à si bon marché : les négociations furent rompues, et le dernier descendant de la maison d'Este mourut à Venise deux ans après, dépossédé de ses états.

§ III.

Trop de jours s'étaient déjà passés sans combats : dans l'espace d'une semaine, les gardes nationales organisées dans les principales villes de la Lombardie, les autorités municipales renouvelées dans l'intérêt de la République, les travaux du siége de la citadelle de Milan, la prise de Côme, la soumission du Modénais, les malades et les convalescens mis en dépôt ou plutôt en garnison sur les points les plus importans, l'esprit public tourné vers un but nouveau, les approvisionnemens des troupes assurés, le chaos des administrations de l'armée presque débrouillé, tout cela ressemblait à de l'oisiveté au jeune et fougueux Bonaparte. Dix mille hommes de renfort étaient en marche pour rejoindre Beaulieu sous les murs de Mantoue ; il voulait achever de l'écraser avant qu'ils n'eussent opéré leur jonction. Prêt à se remettre à la tête de ses troupes, il chercha encore à les enflammer par une nouvelle proclamation.

« Soldats !

« Vous vous êtes précipités comme un
« torrent du haut de l'Apennin; vous avez
« culbuté, dispersé tout ce qui s'opposait
« à votre passage. Le Piémont, délivré de
« la tyrannie autrichienne, s'est livré aux
« sentimens naturels de paix et d'amitié
« qui l'attachent à la France. Milan est à
« vous ; le pavillon républicain flotte dans
« toute la Lombardie. Les ducs de Parme
« et de Modène ne doivent leur existence
« politique qu'à votre générosité.

« L'armée qui vous menaçait avec tant
« d'orgueil ne trouve plus de barrière qui
« la rassure contre votre courage. Le Pô,
« le Tésin, l'Adda, n'ont pu vous arrêter
« un seul jour; vous avez franchi ces bou-

« levants vantés de l'Italie aussi rapide-
« ment que l'Apennin.

« Tant de succès ont porté la joie dans
« le sein de votre patrie. Vos représentans
« ont ordonné une fête dédiée à vos vic-
« toires, célébrée dans toutes les com-
« munes de la République. Là vos pères,
« vos mères, vos épouses, vos sœurs, vos
« amantes se réjouissent de vos succès et
« se vantent avec orgueil de vous appar-
« tenir.

« Oui, soldats, vous avez beaucoup fait,
« mais il vous reste encore beaucoup à
« faire. Dirait-on de nous que nous avons
« su vaincre, mais que nous n'avons pas
« su profiter de la victoire? La postérité
« nous reprocherait-elle d'avoir trouvé
« Capoue dans la Lombardie?... Non! je
« vous vois déjà courir aux armes; un
« lâche repos vous fatigue; les journées
« perdues pour la gloire le sont pour votre
« bonheur. Eh bien! partons. Nous avons
« encore des marches forcées à faire, des
« ennemis à soumettre, des lauriers à cueil-
« lir. Que ceux qui ont aiguisé les poi-

« gnards de la guerre civile en France, qui
« ont lâchement assassiné nos ministres,
« incendié nos vaisseaux à Toulon, trem-
« blent : l'heure de la vengeance a sonné.
« Mais que les peuples soient sans inquié-
« tude : vous êtes amis de toutes les na-
« tions, et plus particulièrement des des-
« cendans des Brutus, des Scipion et des
« autres grands hommes que vous avez
« pris pour modèles, etc.

« Rétablir le Capitole, y placer avec
« honneur les statues des héros qui le ren-
« dirent célèbre, réveiller le peuple ro-
« main, engourdi par plusieurs siècles
« d'esclavage, tel sera le fruit de vos vic-
« toires : elles feront époque dans la pos-
« térité; vous aurez la gloire immortelle
« de changer la face de la plus belle partie
« de l'Europe. »

Ce ton de flatterie et d'enthousiasme
séduisait facilement l'imagination de cette
armée toute passionnée, qui elle-même
avait adopté ce langage exalté en harmonie
avec ses sentimens. Les états de corps, les

notes sur la situation des différens régimens, les rapports des sous-officiers, les lettres même des soldats à leurs familles, tout devenait l'écho de cet esprit d'exagération qui animait les troupes, esprit qui leur était nécessaire pour les soutenir au milieu des fatigues et des privations, pour leur faire mépriser les obstacles et les périls; esprit qui décuplait leurs forces vis-à-vis de l'ennemi, et qu'il était du devoir de leurs chefs d'entretenir avec soin. Chaque soldat alors se croyait un héros et se montrait capable de tous les genres de dévouement; non pas pour acquérir ce titre, qu'il regardait comme dévolu d'avance à tous les combattans de l'armée d'Italie, mais pour n'en point devenir indigne et ne pas déchoir dans sa propre estime ni dans celle de ses camarades. Dans leurs conversations comme dans leurs correspondances, les noms d'*invincibles*, d'*intrépides*, de *terribles*, de *soldats de la liberté*, de *vainqueurs des rois*, leur étaient aussi familiers que ceux d'*esclaves de la tyrannie et de la superstition* qu'ils donnaient à leurs adverversaires. On s'est demandé où Bonaparte avait trouvé les formes de cette éloquence militaire si haute, si véhémente, si orgueilleuse, qui semblait tenir de l'inspiration prophétique : il l'avait reçue de son armée. Là où toutes les croyances étaient presque anéanties, la patrie seule avait un culte; culte de gloire, qui plus qu'un autre n'était point exempt de fanatisme, et qui devait compter tant de martyrs; culte guerrier dont les cantiques étaient des cris de victoire, dont les plus pompeuses cérémonies se célébraient sur des champs de bataille, et dont les sectateurs n'aspiraient qu'à une immortalité terrestre. Durant l'espace de vingt années, que d'actions héroïques, que de sanglantes catastrophes signaleront cette religion terrible dont Napoléon sera le dieu !

§ IV.

Pour diriger lui-même les effets de sa proclamation, Bonaparte avait quitté Milan, dans l'espoir d'investir Mantoue après avoir rejeté Beaulieu au delà de l'Adige. Le 24 mai, son quartier général était à Lodi. Mais à peine avait-il mis le pied dans cette ville, que le général Despinois le rejoignit en toute hâte, et lui apprit qu'aussitôt après son départ, favorisée par une sortie de la garnison autrichienne, une troupe de Milanais avait donné le signal de la révolte. Des nouvelles non moins désastreuses vinrent coup sur coup porter l'alarme au quartier général, et prêter à la sédition un caractère effrayant par la coïncidence de mille soulèvemens partiels. Le tocsin s'agitait sur tous les points de la Lombardie, et appelait aux armes le peuple des cités et des campagnes. Un grand nombre de soldats isolés avaient été déjà massacrés ; des cris de mort se faisaient entendre, même contre les Italiens qui s'étaient montrés partisans de la France.

Le péril pressait : à la tête de trois cents hommes de cavalerie, de quelques pièces d'artillerie et d'un bataillon de grenadiers qui suivit au pas de charge, Bonaparte se dirige sur Milan, où il arrive le soir même. L'esprit de révolte pouvait y avoir les plus funestes effets; mais une faible partie des habitans avait seule pris part au mouvement, et déjà tout rentrait dans l'ordre. L'exaltation populaire se concentrait surtout vers le Pô et le Tésin. A Binasco, situé entre Milan et Pavie, la haine soulevée contre les Français et contre les patriotes du pays semblait changée en un véritable délire; aux habitans du pays s'était jointe une foule de malheureux sans asile et sans pain, sur qui par conséquent n'avaient pu peser les charges de l'armée : c'est en invoquant la patrie, qu'ils ne connaissaient pas, et la religion, qu'ils déshonoraient, que leur soif de rapines s'annonçait. Ils pillèrent de fond en comble les maisons de leurs concitoyens soupçonnés d'attachement aux Républicains, et ce fut sur les plus riches d'entre eux que le soupçon tomba. La fureur de ces bandes terribles ne s'arrêtait point là : les Français, employés ou voyageurs, un détachement même de soldats, surpris, écrasés par une multitude anatique, y furent impitoyablement égorgés.

A Pavie, les cloches des églises sonnaient le meurtre de toutes parts ; une populace à moitié ivre, armée de piques, de sabres et de stylets, parcourait les rues, où elle semait le désordre et l'épouvante. Depuis quelques jours le général Augereau avait quitté la ville, n'y laissant pour garnison que trois cents malades ou convalescens, renfermés dans le château, sous les ordres d'un capitaine. Cependant le sang n'avait pas encore coulé : prenant en joie la terreur qu'elle inspirait au milieu des menaces et des vociférations, la foule insurgée faisait éclater des rires sinistres et des chants de triomphe ; car, entourée d'une population de trente mille ames, protégée par des murs et par une enceinte bastionnée qui, bien qu'en mauvais état, la mettait à l'abri d'un coup de main, elle défiait déjà tous les efforts des Républicains, et se croyait appelée à l'honneur de les chasser de l'Italie.

Pour premier exploit, le château fut

cerné, attaqué, sommé de se rendre; les soldats français, quoique sans vivres et sans munitions, résistèrent facilement et repoussèrent ces hordes désordonnées : mais lorsque le découragement allait s'emparer des assiégeans, un événement inespéré vint à leur secours. Le général Haquin traversait la ville pour se rendre au quartier général; on s'empare de sa personne, on l'épouvante par la vue de mille glaives tournés contre lui, et, saisi de trouble et de la crainte de la mort, il envoie à la garnison l'ordre de mettre bas les armes et de se rendre. Le capitaine, commandant du château, eut la faiblesse d'y souscrire, quoique d'après les lois militaires le général Haquin ne pût alors exercer aucune espèce d'autorité sur lui. Désarmés et garrottés, les soldats furent conduits, au milieu des insultes et des mauvais traitemens du peuple, jusqu'à l'hôtel-de-ville, où se trouvaient déjà rassemblés quelques Français qu'on avait trouvés isolés dans la ville ou dans les environs, et leurs partisans les plus déclarés, qui, comme eux, attendaient d'un caprice de la multitude la vie ou la mort.

Dans ce moment arrivaient de tous côtés dans Pavie des bandes de paysans armés. Le cri de *mort aux étrangers!* est répété par quinze mille bouches; on se redit avec des transports d'admiration la fermeté des Binaschésiens, vainqueurs et bourreaux des soldats républicains. N'imitera-t-on leur exemple qu'à moitié? Non! On retourne avec rage à l'hôtel-de-ville pour se baigner dans le rang des oppresseurs de l'Italie. Mais les magistrats et les principaux habitans de Pavie opposent aux fureurs des assassins le plus admirable dévouement, déclarent que les Français commis à leur garde ne périront qu'après eux, et, à force d'instances et de supplications, parviennent à détourner momentanément l'orage qui menaçait les malheureux prisonniers. L'archevêque de Milan arrive encore à leur aide : ce respectable prêtre, membre de la famille des Visconti, sur l'invitation de

Bonaparte s'était rendu à Pavie, pour tâcher d'y calmer la fermentation populaire. Son nom, ses vertus, ses quatre-vingts ans, appuyés du caractère sacré qu'il tenait de l'Eglise, eussent pu donner à ses discours une force convaincante ; mais le peuple n'était plus en état de l'entendre. L'exemple de Binasco lui semblait plus imposant que les faibles argumens d'un vieillard, dont quelques uns voulaient même châtier l'*éloquence jacobine*. Le seul sentiment religieux qui pût alors agiter ce peuple, c'était l'extermination des impies ; c'était du sang et non des discours qu'il lui fallait.

Tout paraissait alors lui certifier le succès; depuis deux jours entiers la révolte restait souveraine dans Pavie ; les forces républicaines ne se présentaient point pour la combattre, donc elles étaient anéanties. Les Autrichiens, les Anglais, les Piémontais, les émigrés ne pouvaient tarder à paraître. Telles étaient leurs idées, et leur audace s'accroissait incessamment de l'espoir de l'impunité.

Dans la nuit du 24 au 25, le tumulte s'annonça avec plus de fureur que jamais. Les Français vont périr; leur mort est jurée. Meurent avec eux les Italiens parjures qui osent les approuver ou les défendre! De nouveau la foule frénétique se porte vers la maison municipale, en poussant d'effrayantes clameurs. Tout à coup un bruit sinistre circule dans la ville : Binasco n'est plus! Binasco est détruit! le fer républicain a frappé ses habitans; la flamme a dévoré ses murs! Un monceau de ruines, de cadavres et des cendres couvrent la place où le sang français a coulé. Ce bruit, qui circule parmi les révoltés, n'était que trop réel. Le chef de brigade Lannes, instrument de terreur et de vengeance, à la tête d'une colonne mobile, avait exécuté ce terrible arrêt dont l'humanité doit gémir, mais que réclamait impérieusement le salut de l'armée.

Cette nouvelle désastreuse jeta pendant quelque temps l'hésitation et l'incertitude au milieu des révoltés de Pavie. Cependant cette puissance occulte, cette main invisible, qui avait préparé et entretenu le soulèvement, le soutenait toujours. Des agens de l'Autriche et d'autres encore, mêlés parmi eux, leur firent comprendre que ce qui avait pu s'exécuter à Binasco devenait impraticable à Pavie; que les forces républicaines campaient déjà sous Mantoue, où les Impériaux les attiraient pour les écraser; que de faibles détachemens pouvaient seuls s'avancer sur Pavie, où le meilleur moyen de s'affranchir de toute crainte à l'égard des Français était de leur résister avec courage et de les vaincre. On s'agite, on délibère; pendant ces divers mouvemens, le jour se lève, le canon se fait entendre sur la route de Milan. Les Républicains paraissent et trouvent les murailles de la ville couvertes d'une multitude armée qui semble vouloir faire bonne contenance; car la terreur même avait ranimé son courage dans l'intérêt de sa conservation. Cependant six pièces d'artillerie, pointées contre eux par le général Dommartin, leur ont bientôt fait abandonner les remparts. Le général en chef, pensant d'après ce mouvement que toute résistance va cesser, envoie aux rebelles un des leurs, blessé, fait prisonnier et porteur du billet de sommation. Ils le reçoivent à coups de fusil. Le chef de brigade Lannes s'élance aussitôt contre les portes et les brise à coups de hache. Les grenadiers et les dragons marchent à sa suite, pénètrent dans la ville, sabrent tout ce qui s'oppose à leur passage. Le terrible pas de charge résonne dans les rues de Pavie, où du haut des toits et des fenêtres les insurgés font pleuvoir sur les Français une grêle de pierres et des débris de toute espèce. Mais un peloton de cavalerie s'étant porté vers le pont du Tésin, les paysans, dans la crainte de se voir privés de tout moyen de retraite, regagnent en désordre leurs campagnes, après avoir laissé une centaine de morts sur le pavé.

Les principaux habitans, les magistrats de la ville, précédés du vénérable Visconti et de l'évêque de Pavie, se présentèrent alors en supplians devant le vainqueur. Ils ramenaient avec eux les soldats français dont ils avaient protégé les jours. Bonaparte, dans un transport de colère, vrai ou affecté, voulait d'abord faire décimer cette indigne garnison du château, qui n'avait point su résister à une troupe d'ouvriers et de paysans, faire passer par les armes la municipalité tout entière, qui eût dû prévoir et prévenir le soulèvement; livrer enfin aux flammes les maisons et les monumens de la cité rebelle. Mais se laissant émouvoir par les supplications du général Haquin et de l'archevêque de Milan, après avoir fait le dénombrement de ces captifs, dont la vie avait été tant de fois en péril, et s'être bien assuré qu'aucun ne manquoit à l'appel, il adoucit le châtiment réservé à la rebellion et se laissa arracher, comme un acte de clémence, l'arrêt suivant : *Pavie sera livrée au pillage; mais malheur au soldat qui se souillerait d'un meurtre !*

Honneur à ces mêmes soldats, dont la plupart adoucirent à leur tour cet arrêt par mille traits de générosité qu'ils firent éclater en l'exécutant! Combien d'entre eux ne franchirent le seuil des maisons que pour les protéger contre l'avidité de leurs frères d'armes ; combien de familles éplorées durent leur salut et la conservation de leurs richesses à ceux-là dont l'aspect sinistre leur avait d'abord arraché des cris de douleur et d'effroi ! Des excès affreux furent commis ; en pouvait-il être autrement ? Mais il est du moins consolant de pouvoir affirmer que beaucoup furent réprimés par l'humanité des chefs ; que partout l'ordre de respecter la vie des citoyens fut observé, et que dans ce grand et terrible désordre le sang ne coula pas.

Au milieu de scènes affligeantes, les Républicains donnèrent même un touchant exemple du respect qu'inspirent le savoir et la vertu aux hommes les plus endurcis. Les bâtimens de l'Université et le muséum d'histoire naturelle, les lieux habités par Spallanzani, par Volta et d'autres illustres savans, dont se glorifiait alors Pavie, ne souffrirent aucune atteinte du pillage. Les Muses inoffensives jouirent du droit de la neutralité, et, plus attentifs que les soldats de Rome, ceux de la France n'eussent point déshérité l'avenir des travaux d'Archimède.

Après quelques heures, tout rentra dans l'ordre. Les habitans des campagnes furent désarmés, mais sans aucune autre violence. Comme gage de sa tranquillité future, la Lombardie dut fournir deux cents otages, dont firent partie les magistrats de Pavie, que l'on dirigea sur Antibes (1). Ils furent remplacés dans leurs

---

(1) Presque toutes les relations affirment, sur la foi des journaux du temps, que la municipalité de Pavie fut fusillée. Une lettre même du général en chef au Directoire en contient la nouvelle. Nous ignorons si cette lettre est authentique, ou si, comme Bonaparte le dit lui-même plus tard, il favorisa alors tous les bruits qui pouvaient frapper les esprits de terreur ; mais nous pouvons affirmer que des renseignemens exacts, pris sur les lieux mêmes, nous ont convaincus que plusieurs des personnes qui remplissaient à cette époque les charges de municipaux à Pavie, vivaient encore il y a quelques années. M. Botta, dont l'antipathie violente contre Bonaparte ne sera pas contestée par ceux qui ont lu son ouvrage, dément également cette assertion, et il est le seul entre ceux

charges par des hommes dévoués aux nouveaux intérêts qu'on voulait favoriser.

Ainsi se termina promptement, grâce à l'efficacité et à la vigueur de telles mesures, ce soulèvement qui menaçait d'anéantissement l'armée entière. Les Pavésans se familiarisèrent bientôt avec les Français, si peu semblables à eux-mêmes lorsqu'ils laissent reposer leurs armes. Cette illustre université, fondée par Charlemagne, rouvrit ses cours. Les chaires en furent occupées par Scarpa, Spallanzani, Brugnatelli, Mascheroni, Volta et autres lumières de l'Italie, que les Républicains, par l'or-

---

qui ont écrit l'histoire de cet événement, qui rectifie le fait et le rapporte avec exactitude. Il se trompe seulement lorsqu'il avance qu'un des révoltés fut passé par les armes. C'est le capitaine français, commandant la garnison du château, qui fut condamné par un conseil de guerre et exécuté pour avoir manqué à son devoir en obéissant aux ordres du général Haquin. M. Botta s'est trompé encore en avançant que le sac de Pavie avait duré vingt-quatre heures, comme il s'était trompé déjà en faisant venir le général Haquin de Paris. Ce général, gouverneur de Céva, de Mondovi et de Chérasco, était parti de cette dernière ville.

dre de leur général en chef, comblèrent de soins et de prévenances. Rassuré contre de nouvelles tentatives de la part du peuple, persuadé que partout le parti français allait dominer dans la Lombardie, Bonaparte reprit sa course pour rejoindre ses principales divisions, qui déjà franchissaient l'Oglio, à la poursuite de Beaulieu; et, le 28 mai, il entrait, à leur tête, dans Brescia (1), ville considérable, appartenant à la république de Venise.

---

(1) Brescia est située sur la terre ferme vénitienne, à seize lieues de Milan, quatorze de Mantoue et trente de Venise. Capitale du Bressan, elle comptait quarante mille ames. Bonaparte y fit publier une proclamation où il parlait de *la longue amitié qui unissait la République française et celle de Venise.*

CHAPITRE IX.

Beaulieu renforce la garnison de Mantoue. — Combat de Borghetto. — Augereau entre dans Peschiera. — Alerte de Valeggio. — Séjour de Louis XVIII à Véronne. Occupation de cette ville par les Français. — Masséna à Rivoli. — Bonaparte sous Mantoue. — Armistice conclu avec Naples, à Brescia. — Wurmser est nommé pour remplacer Beaulieu dans le commandement de l'armée autrichienne.

§ Ier.

ABANDONNANT le Milanais aux Républicains pour prix de leur victoire de Lodi, Beaulieu, désormais dans l'impossibilité de lutter contre eux, s'était retiré vers l'Oglio, ensuite vers le Mincio, pour couvrir Mantoue et assurer ses communications avec l'Allemagne. Là, ayant reçu de nouveaux renforts, il jeta dans cette place importante, la seule qui restât à l'Empereur de ses possessions d'Italie, douze mille hommes, sous le commandement de Roccavina, de Wuckassowich et de Roselmini ; et, après s'être occupé sans relâche d'augmenter ses fortifications et ses approvisionnemens, il envoya Liptay s'emparer de la forteresse de Peschiera, appartenant à Venise et située sur la pointe du lac de la Garda, où il appuya sa droite. Maître de trois ponts sur le Mincio, que suivait sa ligne de défense depuis Peschiera jusqu'à Mantoue, il avait son centre à Valeggio et à Borghetto, où commandait le général Pittony. Mélas, à la tête de quinze mille hommes de réserve, occupait Villa-Franca, en arrière du fleuve, prêt à se porter sur tous les points menacés de la ligne. Sebottendorf et Colli étaient à Pozzolo et à Goïto, sur les bords du fleuve, en se rapprochant de Mantoue, dont la garnison formait la gauche de l'armée autrichienne et prolongeait ses divisions dans le Seraglio.

Le 29 mai, Masséna et Augereau quittèrent Brescia, l'un pour se porter vers Monte-Chiaro, l'autre vers Ponte-di-San-

Marco, sur les bords de la Chièse. Serrurier marchait avec la réserve. Bientôt Bonaparte semble abandonner Mantoue à sa droite. Les généraux Kilmaine et Rusca se dirigent vers Dezenzano et Salo sur la rive occidentale du lac de la Garda, qu'ils paraissent vouloir tourner pour se jeter sur Roveredo et couper la route du Tyrol aux Autrichiens. Beaulieu s'épouvante et dirige le mouvement de Mélas sur la rive opposée du lac. Mais le but réel du général français était de traverser le Mincio au centre de la ligne ennemie.

Au milieu de la nuit, les divisions républicaines redescendent vers le fleuve. Kilmaine abandonne Dezenzano et se porte sur Lonato et bientôt sur Castiglione. Les autres corps se dirigent tous à la fois vers Borghetto où existe un pont gardé par quatre mille hommes et quinze cents chevaux, formant les avant-gardes de Pittony. La première division française qui parut, engagea aussitôt le combat ; mais elle ne put parvenir à rompre l'infanterie des Impériaux. Chargée avec vigueur par leurs escadrons, elle commençait même à se replier, lorsque le général Murat accourut à la tête d'un corps de cavalerie républicaine et rétablit le combat par les charges les plus brillantes. C'était la première fois que les cavaliers de l'armée d'Italie luttaient avec un avantage marqué contre ceux de l'Autriche et de Naples. Depuis, la chance leur fut plus souvent favorable. D'autres bataillons arrivaient de tous côtés. Les Autrichiens, rejetés dans Borghetto, n'opposèrent plus qu'une faible résistance; et, vigoureusement pressés par Murat et par les grenadiers du général Gardanne, ils franchirent le pont, dont ils détruisirent une arche pour couper le passage aux Français, et se maintinrent sur la rive gauche du fleuve, sous la protection des batteries de Valeggio.

C'est en vain que Bonaparte ordonna que le pont fût rétabli sur-le-champ; les travailleurs, foudroyés par l'artillerie ennemie, ne faisaient que des tentatives infructueuses, lorsque n'écoutant que son courage, Gardanne, sans s'inquiéter de l'imminence du péril, ni de la profondeur du fleuve, s'y jette, suivi de cinquante grenadiers, qui, le sabre dans les dents, soutenant leur fusil au-dessus de leur tête, dans l'eau jusqu'aux épaules, atteignent à la rive opposée, malgré le feu redoublé des Impériaux. Les plus avancés d'entre ceux-ci se rappellent les prodiges de Lodi, s'épouvantent et battent en retraite. Le pont est rétabli, franchi; on marche sur Valeggio, quartier général de Beaulieu; on s'en empare. Bonaparte, qui ne voyait jamais le triomphe présent que comme un acheminement vers d'autres avantages plus importans, contient l'ardeur impatiente de ses soldats, et tandis qu'il laisse à Beaulieu le temps de rallier les siens entre Valeggio et Villa-Franca, il envoie sur-le-champ Augereau avec ordre de s'emparer de Peschiera à tout prix, de marcher ensuite sur Vérone, en traversant Castel-Nuovo, et de couper la retraite des Autrichiens vers le Tyrol. Mais Beaulieu, instruit à temps de cette manœuvre, fait évacuer Peschiera, rassemble ses forces et ne songe plus qu'à se replier vers l'Adige. Serrurier, envoyé à sa poursuite, bat son arrière-garde près de Villa-Franca. L'Autrichien cependant accélère sa marche, passe enfin l'Adige à Vérone et gagne promptement les positions fortes du Tyrol, tandis qu'Augereau entre dans Peschiera, qu'il trouve abandonnée.

§ II.

Lorsque tout semblait si bien concourir à l'entière destruction de Beaulieu, un de ces coups du hasard, si communs à la guerre, et dont nous aurons encore bientôt un nouvel exemple à Lonato, menaçait toute l'armée républicaine dans son chef. Laissant Serrurier poursuivre l'ennemi, qui ne songeait plus à résister, Bonaparte était rentré à Valeggio, séparé de Borghetto par le fleuve, et où son quartier général avait remplacé celui de Beaulieu. La division de Masséna, chargée de protéger cette position, campait sur la rive droite du Mincio, et se délassant alors de ses fatigues, s'occupait de satisfaire à son besoin urgent de nourriture. Les feux étaient allumés, les cantines établies et les soldats de service pour la cuisine de leurs camarades, étaient presque les seuls qui fussent debout et éveillés. Un escadron de hussards autrichiens paraît soudain sur la rive gauche. Détachés de la division de Sebottendorf, qui avait quitté Pozzolo et traversé le Mincio, ils s'avançaient en éclaireurs sur Valeggio, attirés par la canonnade qu'ils avaient entendue de ce côté. Trouvant le bourg dégarni de troupes, ils y entrent au grand galop, arrivent jusqu'au logement de Bonaparte, sans savoir encore quelle proie s'offre à eux. Le piquet d'escorte, terrifié à l'aspect imprévu des uniformes autrichiens, n'a que le temps de faire une décharge de mousqueterie, de fermer les portes et de favoriser l'évasion du général en chef qui, s'élançant sur son cheval, gagne à la hâte les champs, par les derrières de sa maison, en franchissant les haies et les fossés.

Au bruit qu'on entend dans le village, les soldats de Masséna s'éveillent, s'inquiètent, s'informent, courent aux armes et le tambour qui résonne sur le pont de Borghetto suffit pour mettre en fuite l'audacieux escadron de hussards. Sebottendorf arrivait à la suite de son avant-garde; il fut repoussé avec perte et se replia du côté de Mantoue.

Ce fut à l'occasion de cette algarade que le général en chef résolut de créer pour son service particulier un corps d'élite, chargé de veiller à sa sûreté. Cette nouvelle institution, inusitée jusqu'alors parmi les généraux de la République, favorisait de plus la résolution de Bonaparte d'entourer de l'appareil de la puissance sa mission militaire. Salicetti essaya d'abord de mettre obstacle à ce projet, mais inutilement. Ainsi prit naissance le corps des guides, dont le chef d'escadron Bessières eût le commandement, et qui, plus tard, servit à former les premiers escadrons des chasseurs de la garde.

§ III.

Pour procéder avec avantage au siége de Mantoue et protéger l'Italie contre toute nouvelle tentative des Impériaux, les Républicains devaient occuper au plus tôt la ligne de l'Adige, qui, formant une courbe tortueuse depuis les Alpes Rhétiennes jusqu'au golfe Adriatique, coupait toute communication entre le Tyrol et la Péninsule. Vérone, par sa position, devait être le plus solide point d'appui de cette ligne; mais Vérone appartenait à Venise, dont la neutralité déjà violée par les deux armées adverses, avait éveillé la prudente défiance.

Le sénat vénitien, prévoyant, depuis le passage du Pô, que ses états de la terre ferme allaient devenir avant peu le théâtre de la guerre entre les Français et les Autrichiens, avait envoyé dans le Véronais le provéditeur général Foscarini, chargé de pleins pouvoirs pour réclamer en faveur de ses droits trop de fois méconnus. Bonaparte, entraîné par la force des circonstances, débarrassé de toute responsabilité morale par les ordres positifs du Directoire et l'approbation de ses commissaires, eût ardemment désiré sans doute pouvoir s'emparer de Vérone, par un coup de main, quitte à donner ensuite, comme à Brescia, les meilleures raisons pour légitimer cette violence : mais trois fortes citadelles et une nombreuse garnison d'Esclavons rendaient un pareil projet inexécutable ; il fallut donc employer d'autres moyens. Il commença par se plaindre hautement de la partialité de Venise, qui, sans opposer de résistance, avait laissé occuper Peschiera par les Autrichiens : les suites de cet événement avaient coûté la vie à un grand nombre de ses soldats, et le sang français ne coulait pas impunément; on devait le savoir. Il lui fut répondu que la république vénitienne, dans la crainte d'exciter les inquiétudes de l'une ou de l'autre puissance belligérante, s'était décidée à une neutralité désarmée, et n'avait de garantie pour la sûreté de ses places que dans la bonne foi de ceux avec lesquels elle conservait encore et voulait conserver toujours des relations d'amitié ; que les places fortes seules avaient garnison en temps de paix et que le général français devait se rappeler qu'à Brescia rien ne s'était opposé à son entrée.

Ne voulant point risquer de soulever contre lui une puissance dont l'immobilité lui était encore nécessaire, Bonaparte abandonna le grief qu'il avait d'abord mis en avant, et séparant la cause de Vérone de celle de sa métropole, il essaya de l'isoler dans les reproches qu'il prétendait avoir à lui faire. Voici l'événement sur lequel il basait sa plainte.

Le frère du dernier roi de France, le comte de Lille, depuis Louis XVIII, désabusé sur l'intérêt que lui portaient ceux qui semblaient ne s'être armés que pour le placer sur le trône, et ne voulant point rester entre leurs mains comme instrument de déception ou comme otage pour l'avenir, avait été chercher dans une république, sous la protection des lois communes à tous, un asile où il dût se croire en sûreté. Retiré à Vérone, bien qu'entouré de quelques ambassadeurs des puissances étrangères et d'une foule d'émigrés français, qui le reconnaissaient comme souverain, le comte vivait sans éclat, et les traverses dont son exil avait été obsédé, la multiplicité de ses ennuis et la grandeur de ses désastres parlaient seuls de sa royauté. Le sénat ne voulait voir en lui qu'un étranger de haute distinction, et s'opposait à tous les actes publics qui, de sa part, eussent semblé la manifestation d'une autorité souveraine. Cependant des écrits lancés par les chefs de l'émigration, et qui, quoique non datés de Vérone, paraissaient y avoir été médités; de secrètes tentatives qui se tramaient pour rouvrir la France aux fils de Henri IV, alarmèrent le Directoire. Il exigea du sénat vénitien l'expulsion du prétendant des terres et domaines de la République. Le sénat eut la faiblesse d'y consentir et la lâcheté de faire exécuter cette sentence avec une dureté inouïe pour le prince qui, s'élevant alors à la hauteur d'une grande infortune non méritée, répondit aux inquisiteurs d'État, chargés de lui notifier l'arrêt du sénat, qu'ayant reçu de ses aïeux le droit de cité à Venise, il ne s'éloignerait que lorsqu'il aurait rayé lui-même le nom des Bourbons inscrit sur le livre d'or. Il exigea de plus qu'on lui rendît l'épée dont son aïeul Henri IV avait fait présent à la république, en signe d'alliance et d'amitié. Sans respect pour le malheur, on opposa le sarcasme aux plaintes d'une noble indignation. Le 13 avril 1796, il quitta Vérone, et prenant sa route à travers le mont Splugen, ce roi sans couronne alla reprendre sa place dans les rangs de Condé, au milieu d'une armée de proscrits.

Bonaparte, arguant du séjour du comte à Vérone, déclara que les magistrats de cette ville avaient rompu toute neutralité en recevant dans leurs murs un ennemi de la République française; qu'il avait ordre du Directoire de traiter avec la dernière rigueur cette insolente cité qui, un instant, avait osé se croire la capitale de l'Empire français; et s'adressant au provéditeur général, arrivé à Peschiera pour essayer de lui faire rabattre de ses prétentions sur Vérone : « Mon premier « devoir, lui dit-il, est d'obéir aux or- « dres de mon gouvernement. Je détrui- « rai cet ancien repaire d'émigrés, cet « arsenal de la contre-révolution ! Demain « je serai sous ses murs, et malheur à qui « tentera de résister!... Je sens tout ce « qu'un pareil devoir a de cruel (ajouta- « t-il en modérant les éclats de sa voix); « investi de la confiance de la Républi- « que, je dois venger ses injures. Ce- « pendant, malgré moi, je prends en pi- « tié cette nombreuse population sur qui « tombera le châtiment. Veut-on me re- « cevoir en ami, j'agirai de même; veut-on « nous recevoir en armes, nous répondrons « par les armes et la ville sera détruite. »

Si Venise avait été dans toute la force de sa puissance, si ses peuples se fussent sentis animés encore d'un ardent amour de la patrie, c'est au bruit du tocsin et du canon qu'ils eussent répondu à ce langage hautain. Mais Venise ne comptait que faiblement sur l'affection populaire : une tyrannie sans gloire a bientôt perdu tous ses moyens de résistance. Les habitans de la terre ferme surtout, gouvernés par d'avides sénateurs, qui leur vendaient jusqu'à la justice et l'impunité, se souciaient peu de risquer leur vie pour maintenir les priviléges de leurs oligarques. La liberté démocratique de la France, embellie aux yeux de quelques uns de tous les prestiges de la force et de la victoire, devait plus leur sourire que leur prétendue liberté, basée sur mille tyrannies rivales. Nous nous garderons d'induire de là que l'armée républicaine, par ces dispositions du peuple, pût acquérir le droit de changer ses institutions : maxime déplorable soutenue plus tard pour excuser la guerre frauduleuse suscitée à Venise. Nous ne voulons que démontrer l'impossibilité où était alors cet état de pouvoir résister, surtout privé de l'appui de l'armée autrichienne. Foscarini, effrayé des menaces de Bonaparte, et des circonstances qui lui interdisaient tout espoir de succès, ne vit plus le salut de la ville que dans sa soumission. Il congédia les corps d'Esclavons, et, le 3 juin, Masséna fit son entrée à Vérone (1).

Le même jour, Bonaparte arriva et fit occuper les ponts de l'Adige. « Voilà donc, écrivait-il au Directoire, les Autrichiens entièrement expulsés de l'Italie : nos avant-postes sont sur les montagnes de l'Allemagne. Je ne vous citerai pas les hommes qui se sont distingués par des traits de bravoure, il faudrait nommer tous les grenadiers et carabiniers de l'avant-garde ; ils jouent et rient avec la mort ; ils sont aujourd'hui accoutumés avec la cavalerie dont ils se moquent. Rien n'égale leur intrépidité, si ce n'est la gaieté avec laquelle ils font les marches les plus

---

(1) Vérone, située à huit lieues de Mantoue, à vingt-cinq de Venise, à trente-deux de Milan, comptait une population de cinquante mille ames. Elle a trois ponts sur l'Adige. Parmi les monumens anciens qui la décorent, on remarque surtout l'amphithéâtre qui pouvait contenir, non cent mille spectateurs, comme le dit Bonaparte dans une lettre écrite au Directoire, mais près de vingt-quatre mille, d'après les calculs les plus exacts.

forcées... Vous croiriez qu'arrivés à leurs bivacs, ils doivent au moins dormir? Point du tout. Chacun fait son plan d'opérations du lendemain, et souvent l'on en rencontre qui voient très juste. L'autre jour, je voyais défiler une demi-brigade; un chasseur s'approcha de mon cheval : *général, me dit-il, il faut faire cela. — Malheureux!* lui répondis-je, *veux-tu bien te taire.* C'était justement ce que j'avais ordonné que l'on fît. Je l'ai fait chercher en vain, il avait disparu. »

§ IV.

Si les armées d'Allemagne avaient secondé la marche triomphante de l'armée de l'Italie, les destins de l'Empire germanique étaient à la merci de La France. Mais nos forces sur le Rhin étaient restées stationnaires par la difficulté des approvisionnemens. L'armistice conclu à la fin de décembre 1795, ne fut dénoncé que le 21 mai et par les Autrichiens, qui, secrètement conseillés par Pichegru, concevaient l'espérance de prendre l'offensive avec avantage et d'envahir bientôt les rivages de la Moselle et de la Sarre. Les forces impériales, composées de cent soixante-dix mille hommes, étaient sous le commandement du feld-maréchal Wurmser et du prince Charles. Le premier avait son armée opposée à celle de Rhin-et-Moselle, où le général Moreau venait de remplacer l'indigne Pichegru. Celle du prince faisait face à Jourdan, toujours à la tête de l'armée de Sambre-et-Meuse. Les Français présentaient un effectif de cent quarante-sept mille hommes. Ainsi plus de trois cent mille combattans s'agitaient sur les bords du Rhin, et c'était la faible armée d'Italie qui devait décider de la campagne !

L'influence de ses succès se fit même sentir alors d'une manière bien remarquable aux deux grandes armées de la République. D'après les conditions faites entre les belligérans, les combats ne devaient commencer que dix jours après que l'armistice aurait été déclaré rompu. Les Autrichiens se disposaient à envahir de nouveau le sol français; au dernier jour de mai, toutes leurs forces allaient se mettre en mouvement pour exécuter ce grand projet, lorsqu'arriva la nouvelle des dernières défaites de Beaulieu. La scène changea aussitôt. Il ne s'agit plus de conquérir la France, mais de protéger l'Allemagne contre ces républicains terribles qui menaçaient de s'élancer du haut des Alpes Noriques et des Alpes Juliennes dans les plaines de l'Autriche. Il fallut songer à leur disputer la possession de cette belle Italie, qu'ils venaient de parcourir avec l'éclat, la force et la rapidité de la foudre. Vingt-cinq mille hommes furent détachés de l'armée de Wurmser et marchèrent vers le Tyrol.

Du côté des Français, au contraire, on s'apprêtait à une offensive vigoureuse. Le lendemain de l'entrée de Bonaparte et de Masséna à Vérone, le 4 juin, eut lieu la célèbre bataille d'Altenkirchen, remportée par l'aile gauche de l'armée de Sambre-et-Meuse, commandée par Kléber.

Le Rhin allait être franchi de nouveau.

§ V.

Dans ce même jour d'Altenkirchen, l'armée d'Italie se signalait déjà hors des murs de Vérone. Masséna, s'acharnant sur les débris de Beaulieu, les refoulait encore vers le Tyrol et occupait Rivoli et la Corona, s'adossant au lac de la Garda, tandis que le général en chef se portait en toute hâte sur Mantoue, livrée à ses propres forces par la reculade de Beaulieu. Jamais l'activité de Bonaparte n'avait éclaté d'une manière aussi surprenante. Sans donner le temps à l'ennemi de se reconnaître, à la tête de la division de Serrurier, il attaque le faubourg de Saint-Georges et l'enlève. Augereau, parti de Peschiera depuis deux jours et qui venait d'arriver à l'instant, s'empare de la porte de Cériole, malgré la vive résistance des assiégés, et les repousse dans la place. Les soldats, que des tentatives inouies, couronnées de succès, avaient accoutumés à ne jamais mesurer les obstacles, voulaient aussitôt se former en colonnes pour enlever d'assaut ce dernier et formidable boulevart de l'Autriche; ils s'élançaient déjà sur les chaussées en tirailleurs, en criant : *Lodi! Lodi!* La prudence du chef les retint. Il sentait trop bien que de grands travaux restaient encore à exécuter avant de pouvoir s'emparer de cette place importante. Si les Autrichiens étaient contenus dans le Tyrol, elle tombait d'elle-même au pouvoir du vainqueur, résultat immense et sans lequel l'armée ne pouvait franchir la ligne qu'elle occupait, à moins de compromettre sa sûreté et jusqu'à son existence. Mais pour enlever Mantoue de vive force, on manquait d'artillerie de siége et de tous les moyens nécessaires pour mettre à fin une semblable entreprise. Bonaparte savait où en trouver. Il résolut de se borner à un simple blocus. Satisfait de s'être emparé des digues, il laissa Serrurier avec une partie de ses forces devant la place; et, certain que les Impériaux ne pouvaient rien entreprendre avant quelque temps, il courut vers Milan, où le réclamaient impérieusement d'autres obstacles à surmonter. Masséna fut laissé à la tête de sa division sur la ligne de l'Adige, pour observer Beaulieu, et y renouvela par fois les prodiges des Alpes, dans cette nouvelle guerre d'avant-postes et de montagnes.

§ VI.

En traversant Brescia, le 5 juin, le général en chef y conclut et y signa un armistice avec l'envoyé du roi de Naples, Belmonte-Pignatelli.

Ferdinand iv, à la nouvelle que les Républicains avaient franchi le Pô et l'Adda, ne voyant plus entre lui et ces terribles adversaires que le territoire pontifical, tenta une levée de boucliers dans ses États. Trente mille hommes se portèrent vers les Abruzzes. Les priviléges les plus étendus furent accordés à tous ceux d'entre ses sujets qui se formeraient en corps de partisans. Du haut des chaires, le cri : *Aux armes!* retentit à l'oreille des fidèles; car depuis long-temps, en Italie, la chaire est la seule tribune qui soit restée libre. De toutes parts on s'agita à grand bruit ; on vociféra contre les Français, on jura leur entière destruction dans les champs italiques. « Les Autrichiens vont triompher, disait-on ; mais à défaut de l'Autriche, l'armée napolitaine est prête et brûle de se signaler, et si des revers improbables devaient encore dissiper les guerriers de l'Empire et ceux de Naples, le peuple seul prendrait part au combat et suffirait pour anéantir de pareils ennemis. Arrivent les Français ! et des Abruzzes aux Calabres, des rives du Volturno à celles de l'Hydro, les vêpres de Sicile vont sonner contre eux. » Tels étaient les discours de quelques fanatiques. Le roi lui-même se laissa prendre à l'impulsion qu'il avait voulu donner aux autres. Suivi de toute sa cour, il alla, en grande pompe, se prosterner devant les autels de la métropole pour demander à Dieu de bénir et de favoriser sa cause, qui était celle du peuple et du ciel même. Mais à peine toutes ces menaces furent-elles proférées, ces grandes invocations achevées, qu'on apprit que les Impériaux, sur lesquels Ferdinand comptait pour seconder ses efforts, partout battus par les Républicains, se retiraient dans les gorges du Tyrol. Un enthousiasme passager, excité par la reine et par son ministre Acton, avait seul fait sortir le roi de son caractère ordinaire, qui était la douceur et la mollesse. Il s'était laissé facilement entraîner vers des projets de guerre; il les abandonna plus facilement encore, heureux de n'avoir à s'occuper que de la pêche et de la chasse, ses plaisirs favoris. Calculant même, par un excès de prudence, que s'il se laissait prévenir par Rome dans ses négociations avec les Français, il devait s'attendre à des conditions plus rigoureuses, il se hâta d'envoyer auprès du général en chef de l'armée d'Italie le prince Belmonte-Pignatelli pour conclure un traité entre Naples et la France, abandonnant ainsi le Saint-Siége à la merci du vainqueur, au moment même où il semblait ne vouloir combattre qu'au nom de la religion.

Quoique Bonaparte entrevît dans la démarche de Ferdinand le désir de gagner du temps jusqu'à ce que les Autrichiens pussent reparaître avec avantage en Italie, plutôt que l'intention réelle de traiter de la paix définitive avec le Directoire, il accueillit avec faveur les propositions de son envoyé et se remit en route pour Milan. Les dates seules feront ressortir cette prodigieuse activité du général en chef. Le 24 mai, il avait quitté Milan et transporté son quartier général à Lodi; le soir même, il était rentré dans la première de ces deux villes pour y apaiser la sédition. Le 26, Binasco n'existait plus; la révolte de Pavie était éteinte; le 27, il avait rejoint l'armée; il entrait dans Brescia le 28; le lendemain, il abusait l'ennemi par de faux mouvemens de troupes, le battait deux fois à Borghetto le 29, occupait Peschiera le 30, s'emparait de Vérone le 3 juin, combattait et triomphait sous Mantoue le 4, et le jour suivant concluait un traité à Brescia avec Naples.

Si l'on songe que, dans ce même intervalle de temps, il inondait toutes les villes sur son passage d'adresses et de proclamations; qu'il entretenait une correspondance active avec le Directoire, avec Victor-Amédée, avec Cacault, chargé d'affaires de France en Italie; qu'il multipliait autour de lui les ordres et les instructions à ses généraux, aux commandans des villes conquises; qu'il dressait des plans, entamait des négociations avec Naples, Venise, Gênes, Florence, Bologne, etc., la surprise redouble, et l'on ne sait de quoi l'on doit le plus s'étonner ou de ce génie actif qui suffisait à tant de choses ou de ce corps débile qui résistait à tant de fatigues.

§ VII.

Cependant, poussé à bout, humilié d'avoir toujours été trompé par son jeune rival, Beaulieu, retranché dans Roveredo, envoyait dépêches sur dépêches à Vienne pour demander son rappel. Attribuant ses revers à la négligence des ministres autrichiens, à l'incapacité des généraux combattant sous lui, à l'intrigue, à l'envie, il exhalait son découragement en reproches amers. Ne sachant sur qui faire tomber la honte de ses défaites, il boudait la cour, l'armée, l'Empereur, et réunissant tous les griefs accumulés pendant sa campagne de trois mois, il écrivait au conseil aulique : « Je vous avais demandé un général et vous m'avez envoyé Argenteau. Je sais qu'il est grand seigneur et qu'en récompense des arrêts que je lui ai ordonnés, on va le faire feld-maréchal de l'empire. Mais je vous préviens que je n'ai plus que vingt mille hommes et que les Français en ont soixante mille ; que je fuirai demain, après demain, tous les jours, jusqu'en Sibérie, s'il prend envie à ces diables de m'y poursuivre. Mon âge me donne le droit de tout vous dire : en un mot dépêchez-vous de faire la paix à quelque condition que ce soit. »

La cour de Vienne ne répondit à ces sages conseils, dictés par la mauvaise humeur, qu'en désignant aussitôt le feld-maréchal Wurmser comme remplaçant de

Beaulieu en Italie. Mais Wurmser combattait encore sur les bords du Rhin. En attendant qu'il pût joindre et prendre le commandement des forces autrichiennes dans le Tyrol, Mélas fut mis provisoirement à la tête de l'armée.

Le hasard se plaisait à opposer à Bonaparte des adversaires qui semblaient par leur âge et leur vieille expérience représenter la science militaire elle-même luttant contre le génie ; l'ancienne tactique contre la nouvelle. Wurmser était né en Alsace. Un Français s'avançait encore à la tête des Allemands. Après avoir fait ses premières armes sous les ordres du maréchal de Broglie, dans la guerre de sept ans, Wurmser, entré au service de l'empereur Joseph, avait déployé sous ses yeux une bravoure active et intelligente dans ses campagnes contre la Turquie. Resté depuis au service de la maison d'Autriche, il s'était élevé aux plus hauts honneurs militaires. Agé de quatre-vingts ans, connu depuis long-temps comme l'un des plus grands généraux de l'Allemagne, il comptait autant sur son nom et ses talens pour triompher, que sur les immenses préparatifs qui s'organisaient en Allemagne pour soutenir son entreprise. En effet tout s'agitait, tout se levait dans les États héréditaires, pour ajouter de nouveaux combattans aux vingt-cinq mille guerriers qui déjà étaient en marche.

Selon les us de tous les gouvernans, l'Empereur, au moment du danger, avait mis en avant les grands mots d'*honneur national*, de *patrie* et d'*indépendance*, s'en réservant l'explication et l'application pour des temps plus paisibles. Ces mots, toujours magiques, avaient retenti violemment dans le cœur des fils de l'Autriche. Les Allemands, dont l'esprit rêveur s'exalte facilement, s'étaient épris tout à coup d'un amour de gloire guerrière qu'entretenait encore l'esprit de galanterie. Les jeunes gens des meilleures familles, les élèves des universités, se livraient à l'impulsion donnée par les dames de la cour et par l'impératrice, qui distribuaient des cocardes, des écharpes et ne dédaignaient point de broder les drapeaux sous lesquels cette brillante jeunesse devait combattre l'ennemi commun. C'était une croisade contre les vainqueurs de Lodi. Il ne s'agissait pour ces nouveaux guerriers que de faire en armes le voyage d'Italie. Les fabriques, les fonderies, les ateliers, tout s'animait pour leur équipement et leur organisation. Vienne enfin, comme le dit un historien, offrait alors, à la fois, l'aspect d'un camp et celui d'un arsenal.

FIN DU LIVRE SECOND.

LIVRE TROISIÈME.

LIVRE TROISIÈME.

WURMSER.

CHAPITRE PREMIER.

Soulèvement des fiefs impériaux. — Arquata. — Griefs contre Gênes. — Projets contre le pape. — Expédition dans l'intérieur de l'Italie. — Entrée à Bologne. — Note sur cette ville. — Entrée à Ferrare, à Faenza. — Armistice avec Rome. — Vaubois en Toscane. — Occupation de Livourne. — Politique avide du Directoire. — Séjour de Bonaparte à Florence. — Insurrection de Lugo. — L'armée retourne vers Mantoue.

§ Ier.

Pour arrêter plus sûrement toute sédition qui pût compromettre l'armée, aussitôt arrivé à Milan, Bonaparte s'occupa de flatter de plus en plus les esprits par des apparences de liberté. Malgré les instructions prévoyantes du Directoire, il caressait le projet d'être un jour le restaurateur de la liberté italienne. A ses titres de général, d'administrateur et de diplomate, le titre glorieux de fondateur d'un nouvel État devait s'adjoindre encore. C'est à Milan qu'il essaya d'abord de jeter les bases de ce nouveau gouvernement, de cette république qui devait être sa fille. Sans rien promettre irrévocablement, il laissa se multiplier les assemblées populaires, favorisa l'ouverture d'un célèbre club dit *Institut de l'instruction publique*, où les hommes les plus distingués de la ville, et la jeunesse à peine sortie des universités, vinrent discuter sur les droits de l'homme et sur les devoirs du citoyen.

Cependant, comme si le mouvement insurrectionnel de la Lombardie n'avait été qu'une scène trop hâtée d'un grand drame médité dans toute l'Italie septentrionale, les habitans des fiefs impériaux voisins de Gênes, se portaient à des excès déplorables contre les Français. On parlait de courriers de l'armée massacrés et dépouillés dans les environs de Novi et de Tortone. A cinq lieues de cette dernière ville, au bourg d'Arquata, un détachement de cent cinquante hommes, cerné, menacé par les rebelles, se voyait au moment de subir une mort cruelle. Lannes y fut envoyé, comme à Binasco; et, comme à Binasco, le désastre et la mort entrèrent avec lui dans Arquata.

Le général en chef venait d'arriver à Tortone, après avoir fait ouvrir la tranchée devant la citadelle de Milan; il dépêcha aussitôt à Gênes son aide de camp Murat, chargé de plaintes menaçantes. Accompagné de Faypoult, ministre de France, Murat se présenta devant le sénat et remit au doge la lettre de Bonaparte, qui accusait Gérola, ministre d'Autriche auprès du doge, et le gouverneur de Novi, des crimes commis par les révoltés, et demandait le renvoi du premier, la destitution du second. « Ces satisfactions préala-
« bles (nous citons ici la fin de la lettre)

« sont dues aux mânes de nos frères d'ar-
« mes égorgés sur votre territoire. Pour
« l'avenir, je vous demande une explica-
« tion catégorique. Pouvez-vous ou non
« purger le territoire de votre république
« des assassins qui le remplissent? Si vous
« ne prenez pas des mesures, j'en pren-
« drai. Je ferai brûler les villes et les vil-
« lages dans lesquels il sera commis l'assas-
« sinat d'un seul Français. Je ferai brûler
« les maisons qui donneront refuge aux
« assassins. Je punirai les magistrats né-
« gligens qui auront transgressé le pre-
« mier principe de la neutralité, en accor-
« dant asile aux brigands. »

Le sénat de Gênes craignait également de mécontenter la France ou l'Autriche. Il destitua le gouverneur de Novi; mais n'osant donner un ordre à Gérola, il se contenta de l'engager fortement à s'éloigner pendant quelque temps du territoire de la République. Gérola fit répondre qu'il attendait les ordres de sa cour et resta. Bonaparte ne jugea pas le moment favorable pour punir le gouvernement génois de sa partialité envers l'Autriche; il se contenta d'inscrire ce nouveau grief dans sa mémoire, et marcha à l'exécution de projets plus importans.

§ II.

Depuis long-temps, excité par le Directoire et par sa propre volonté, Bonaparte épiait l'occasion d'agir contre Rome et surtout contre les Anglais, à qui il voulait enlever la possession de la Corse, sa patrie. Le pape était entré dans la confédération contre la France; une armée avait été levée dans ses États à cet effet. Des bulles pontificales avaient été lancées contre les Républicains; une injure nationale, le meurtre de Hugou de Basseville, restait encore à venger depuis 1793 (1) : que fallait-il de plus pour légitimer la guerre ? Cependant d'autres motifs que ceux-là entraînaient Bonaparte vers cette entreprise.

---

(1) Le 13 janvier 1793, Hugou de Basseville, envoyé de France près du pape, fut massacré à Rome par une troupe de fanatiques.

Ses véritables raisons se basaient : 1° Sur la nécessité de frapper un grand coup de ce côté, pour contraindre Naples à signer une paix qui lui répugnait encore, malgré la conclusion de l'armistice et ses faux semblans d'amitié; 2° de rallier à l'armée républicaine l'esprit public d'Italie, en montrant au peuple le saint pontife négociant avec les prétendus soldats de l'Antechrist; 3° d'assurer la droite de l'armée française pendant sa marche sur le Tyrol; enfin le dernier motif secret du général français, et celui, peut-être, auquel il attachait le plus d'importance, était de voiler par ce mouvement l'expédition qu'il méditait sur Livourne.

Beaulieu sommeillait; Mélas, général en en chef par intérim, n'osait agir; Wurmser ne pouvait arriver avant un mois. Ce mois restait à Bonaparte pour son expédition dans le cœur de l'Italie : il était homme à bien l'employer.

Augereau reçut donc l'ordre d'abandonner le blocus de Mantoue, où il laissa Serrurier, et de passer le Pô à Borgo-Forte, pour se diriger sur Bologne et sur Ferrare, légations dépendantes de l'État romain. Sous le commandement du brave général Vaubois, récemment arrivé à l'armée d'Italie, à la tête d'un renfort de celle des Alpes, une division se rassembla à Plaisance, fila vers Parme et Reggio, sous le prétexte apparent de seconder Augereau, mais dans le fait, destinée pour Livourne. De son côté, le général en chef avait quitté Tortone le 17 juin (29 prairial); le 18, il était à Modène et faisait sommer par l'adjudant-général Vignolles le fort d'Urbin, appartenant au pape et situé entre Modène et Bologne, sur l'ancienne voie Emilienne. La garnison ne tenta même pas de se défendre et se rendit prisonnière. On trouva dans le château cinquante pièces de canon, un dépôt de fusils de calibre et une grande quantité de munitions de bouche. Le même jour, Augereau entra dans Bologne avec la même facilité. Bonaparte, accompagné de Salicetti, l'y rejoignit huit heures après, à minuit.

§ III.

Bologne, surnommée *la Grassa* ou *la Dotta*, comptant cinquante mille habitans, est située au pied des Apennins Étrusques, sur le Reno. Cette ville formait autrefois une partie de l'exarchat de Ravenne, dont Charlemagne avait fait présent aux papes. Après de nombreuses révolutions, qui lui valurent une assez longue suite d'années d'indépendance, elle retomba sous le joug pontifical de Jules II, mais à de certaines conditions qui semblèrent lui garantir une partie de sa liberté; et bien que, depuis ce temps, la main puissante de Sixte-Quint eût grandement restreint ses priviléges, Bologne n'offrait pas moins encore, en 1796, le singulier phénomène d'un État conservant la forme républicaine, quoiqu'il fût au nombre des possessions d'un souverain absolu.

Le premier magistrat de la ville ou gonfalonier, ainsi que le corps des sénateurs, choisis parmi les familles patriciennes, était chargé entièrement de l'administration intérieure de la province. Sous le nom de gouverneur, cependant, un légat du pontife opposait souvent l'autorité de Rome à celle des magistrats, d'autant plus fondés à se croire libres, qu'ils entretenaient eux-mêmes un ambassadeur auprès du pape, dont ils affectaient de n'être que les alliés et non les sujets. La grande distance qui les séparait de la cité de Saint-Pierre relâchait encore les liens qui devaient les unir à elle. Il résultait de cette fausse position que les Bolonais, accoutumés aux formes apparentes de la liberté, s'irritaient de n'en point éprouver toutes les conséquences. Attribuant, non sans raison, la prospérité de leur ville aux institutions qu'ils avaient maintenues, ils voyaient, en espoir, dans la plénitude de leur indépendance, l'accroissement illimité de leur bonheur; et le lien que leur imposait Rome leur paraissait d'autant plus importun, que son peu de pesanteur semblait les inviter à s'en affranchir. Trop faible pour forcer au respect, trop léger pour exciter à la haine, il était plus humiliant qu'oppressif, et ne valait pas une révolution, douteuse dans son résultat.

Mais les circonstances changèrent l'état de la question. Les chances de succès s'accroissaient par l'approche de l'armée française. On avait entrevu la liberté sous un gouvernement théocratique; que ne devait-on pas attendre de la protection d'une république puissante? Aussi les Bolonais s'étaient-ils hâtés d'envoyer d'avance vers Bonaparte une députation chargée de lui porter les vœux de la ville. Celui-ci l'avait renvoyée ivre de joie et d'espérance. Bologne, affranchie de toute domination étrangère, devait renaître aux plus beaux jours de sa liberté et ne plus voir dans les Républicains que des alliés libérateurs. Ils furent reçus comme tels. Jamais l'enthousiasme populaire ne les accueillit avec plus de franchise et de vivacité. A leur aspect, tout sembla, comme par enchantement, non marcher vers une révolution, mais en sortir; car l'assentiment fut unanime et l'on ne remarqua d'autre agitation parmi le peuple que celle que causaient les fêtes données aux vainqueurs de l'Italie.

Caprara, depuis commissaire général du Directoire, grand-écuyer du roi d'Italie; Marescalchi, nommé dès l'année suivante ambassadeur de la Cisalpine à Vienne, et, plus tard, ministre de cette république; Aldini, neveu du célèbre Galvani et professeur de droit à l'université bolonaise, furent députés par le sénat vers le général français, et lui portèrent, à son entrée dans la ville, non des clefs en signe de soumission, mais le livre d'or où étaient inscrits les noms de toutes les familles patriciennes de Bologne, lui montrant avec orgueil celui de *Buonaparte,* qui s'y trouvait et semblait établir entre eux et lui une glorieuse fraternité.

Ses promesses, ses discours accrurent les espérances fondées sur son intervention. Un mouvement de bien-être se fit sentir dans toutes les classes, dans tous les rangs de ce peuple, qui, ayant eu du moins l'avantage de ne point subir jusqu'alors le joug de l'Autriche ou de l'Espagne, avait conservé en partie l'ancienne énergie italienne et se ressentait encore des temps de la ligue Lombarde. Au milieu des fêtes, chacun prévit courageusement l'avenir et ceignit l'épée. Salvioli et Albergati, l'un poète lyrique, l'autre auteur comique et regardé comme le rival de Goldoni, firent retentir aussitôt les salons et les théâtres de leurs vers en l'honneur de l'indépendance. Des ecclésiastiques mêmes, entraînés à leur tour, comme à Milan, prêchèrent la liberté au nom du ciel. Là se trouvaient aussi des esprits ardens, exaltés, qui pouvaient tout perdre par l'exagération de leur fougueux républicanisme ; mais Bologne devait à ses heureux antécédens de n'avoir qu'à débarrasser ses antiques institutions des entraves imposées par le gouvernement pontifical, et, sans troubles, sans secousses, voulait et pouvait se rasseoir sur ses bases naturelles.

Le légat du pape, le cardinal Vincenti, en fut si bien persuadé lui-même, qu'il ne chercha ni à soulever le peuple en faveur du pontife, ni à exciter à la résistance les troupes qui gardaient la citadelle. Il fut fait prisonnier avec elles. Bonaparte, croyant l'avoir mis dans ses intérêts, le relâcha bientôt sur parole, espérant qu'il influerait favorablement pour lui sur les déterminations de Pie VI. Désabusé à cet égard, il lui fit intimer l'ordre de rentrer au quartier général; mais comme un prêtre ne peut avoir sur le point d'honneur les mêmes idées qu'un soldat, Vincenti ne vint pas et se contenta de répondre qu'un bref du Saint-Père le dégageait de son serment, ce qui, selon l'expression de Bonaparte, fit beaucoup rire l'armée.

§ IV.

Déjà les avant-postes français étaient sous les murs de Ferrare et sous ceux de Faenza. Ferrare, ville grande, mais déserte, appartenant autrefois à la maison d'Este, depuis faisant partie des États ecclésiastiques, était bien déchue de son ancienne splendeur. Les cris de la misère retentissaient sous ses palais de marbre. N'ayant plus de glorieux qu'un vain nom, jadis illustré par les arts, au milieu de son abandon rappelant encore au souvenir une époque brillante et célèbre, elle avait, par son apparence fastueuse et par le vide effrayant qui régnait dans ses murs, une sorte d'analogie avec le tombeau de l'Arioste, la plus précieuse des richesses qu'elle ait conservées.

Une administration sans vigueur et sans suite y avait laissé se détendre tous les ressorts de l'industrie et du commerce; les eaux stagnantes couvraient ses environs, autrefois fertiles; la peste et la faim en assiégeaient les habitans bien avant les Français, et, dans cette circonstance, elles devinrent leurs auxiliaires : car il ne peut y avoir d'esprit public dans un semblable pays. Cette indifférence du peuple était passée jusqu'à la garnison, qui se rendit à la première sommation.

Faenza, située à dix lieues de Bologne, dans la Romagne et sur les bords de l'Amone, n'opposa pas plus de résistance.

Partout les soldats du pape se tinrent à la hauteur de leur réputation militaire.

On avait trouvé à Ferrare cent quatorze pièces de canon, dont quarante, réunies à celles qu'on avait prises à Bologne et au fort d'Urbin, furent dépêchées vers Borgo-Forte, où se formait un parc d'artillerie pour le siége de Mantoue.

§ V.

Privé des secours de Naples et de l'Autriche, abandonné à ses propres forces, le pape, voyant les Français entrés en Romagne, fut saisi d'un effroi d'autant plus grand, que le caractère sacré qu'il tenait de l'Église et toutes les foudres du Vatican ne pouvaient lui être d'aucun secours contre de tels adversaires. Si des chrétiens, si des Espagnols avaient pu livrer Rome au pillage et jeter dans les fers le pape Clément VII, que devait-il attendre de cette armée d'incrédules qui ne voulaient voir en lui que le souverain politique de Rome?

Le marquis Antoine Gnude et le chevalier Azara, ministre d'Espagne auprès du pontife, se rendirent en son nom, munis de pleins-pouvoirs, au quartier général des Républicains. Bonaparte attendait avec impatience cette proposition du Saint-Siége. Dans les circonstances où il se trouvait, il se serait bien gardé de s'engager imprudemment dans cet étroit espace de la Basse-Italie, flanquée par deux mers, tandis que les Autrichiens réorganisaient leur armée derrière lui. Il sentait d'ailleurs l'avantage de pouvoir désormais se présenter aux peuples de la Péninsule comme l'allié du souverain pontife. Déclarant cependant ne traiter que pour complaire au roi d'Espagne, les commissaires du Directoire imposèrent à Rome les plus rudes conditions. L'armistice ne fut reconnu valable que cinq jours après la conclusion des négociations entamées à Paris pour la paix définitive, et dont la cour pontificale devait s'occuper sur-le-champ. Le pape s'engageait à payer vingt-un millions à la République française, à livrer cent tableaux, bustes ou statues, au choix des commissaires. Ses ports devaient être fermés aux bâtimens des puissances en guerre avec la France et ouverts aux bâtimens de la République. Pie VI devait renier le meurtre de Basseville et offrir à sa famille les dédommagemens qui lui étaient dus. Les légations de Bologne et de Ferrare restaient sous la protection de la France; celle de Faenza était rendue au pontife. La citadelle d'Ancône devait recevoir garnison française, et la ville rester sous le gouvernement civil du pape.

L'armistice fut signé le 23 juin (5 messidor de l'an IV). Tout ce que Gnude put obtenir des commissaires du Directoire Salicetti et Garreau, ce fut de pouvoir payer cinq millions cinq cent mille livres en denrées et d'acquitter le reste en trois termes, dont le dernier à trois mois.

Barthélemi, Thouin, Monge, Berthollet, nommés par le gouvernement français pour procéder au choix et à l'enlèvement des objets d'arts et d'histoire naturelle, se rendirent à Rome, où ils adoucirent, par la façon dont ils l'exécutèrent, ce que leur mission pouvait avoir de pénible et d'odieux. Les Romains avaient pillé la Grèce, les fils des Gaulois pillaient l'Italie, les Scythes et les Germains devaient bientôt piller la France; ainsi les produits de la civilisation couraient, comme elle, des bords du Céphise et du Tibre aux rives du Danube et du Volga. Il est tel de ces vases précieux, de ces camées antiques, dont l'histoire serait celle des principales révolutions de l'Europe.

Une condition secrète imposait encore au successeur de Saint-Pierre la nécessité de désavouer, par un acte public, tout ce qui s'était proclamé en son nom contre les nouveaux principes du gouvernement républicain. Il s'y résigna. Un bref, sous la forme d'exhortation adressée aux fidèles catholiques de France, leur recommandait la soumission envers le pouvoir qui les régissait; car toute puissance venait de Dieu, au dire de l'apôtre Saint-Paul, et résister à cette puissance, c'était résister à Dieu même. Après avoir longuement appuyé, non seulement sur le respect, mais sur l'affection, sur la fidélité, dues à tout gouvernement établi, sous peine de damnation éternelle, le pontife terminait en disant : « Enfin, nos très chers fils, n'ayez « aucune confiance en ceux qui répandent, « comme émanées du Saint-Siége, des doc- « trines en opposition avec ce manifeste ; « c'est notre désir et nous voulons qu'il « vous soit connu. »

§ VI.

Les Bolonais avaient été agités d'une crainte très vive pendant la courte durée des négociations entre Rome et la France. C'était celle de voir bientôt le traité de pacification les forcer de retourner sous la domination de Pie VI. Bonaparte les rassura en leur faisant connaître l'armistice et en leur promettant que la paix définitive ne se conclurait pas sans assurer leur liberté. Des transports de joie accueillirent cette douce certitude. L'occupation des bords de l'Adriatique par les Républicains, depuis l'embouchure du Pô jusqu'aux Marches d'Ancône, était encore une garantie de plus pour leur tranquillité. Le général français mit le comble à leur reconnaissance en augmentant leur territoire de celui de Castel-Bolognèse, petite ville fortifiée, fondée par eux entre Imola et Faenza, depuis long-temps l'objet de leurs regrets, et que les papes s'étaient appropriée au grand déplaisir même de ses habitans, que des liens de fraternité et d'anciens souvenirs unissaient aux Bolonais.

Tout marcha aussitôt vers une organisation plus complète dans Bologne. Les gardes nationales se formèrent avec rapidité. En attendant que le temps eût permis de voir quelle forme de gouvernement libre conviendrait le mieux au pays, sans trop altérer cependant celui qu'une longue expérience consacrait déjà, le sénat prit possession de ses pouvoirs, après avoir, sur les saints évangiles, prêté le serment de fidélité à la France, sa protectrice et son alliée.

§ VII.

La division d'Augereau venait donc d'atteindre son but. Restait celle de Vaubois. Arrivée à Reggio, elle interrompit tout à coup sa marche sur Bologne, et, prenant à sa droite, à travers les Apennins, rapidement se porta vers le mont Cénere, qui lui ouvrait la route de Modène à Florence. Alarmé d'un mouvement qui semblait menacer la capitale de ses Etats, le grand-duc envoya en toute hâte le marquis de Manfrédini, son premier ministre, au quartier général de Bologne, où se trouvait Bonaparte. « Ferdinand-Joseph avait, le premier, reconnu la République française ; jamais neutralité n'avait été plus exactement observée que la sienne ; dernièrement encore, il avait interdit le passage dans ses États aux légions napolitaines ; l'Apennin le séparait du théâtre actuel de la guerre, à laquelle il n'avait nulle envie de prendre part, ce que son caractère pacifique, sa bonne foi connue et l'immobilité du peu de troupes dont il pouvait disposer, garantissaient suffisamment; quel motif pouvait donc pousser les Républicains sur Florence? » A ces paroles du ministre toscan, le général français s'était empressé de répondre, pour le rassurer sur ses intentions : « Vaubois ne doit traverser la Toscane, que pour occuper la frontière des États romains et contraindre, par sa présence, le pape à traiter au plus tôt de la paix définitive. »

Pour calmer les terreurs du prince, on promit d'éviter Florence et de diriger la division sur Sienne. Ferdinand y donna son acquiescement, se tranquillisa sur les projets des Républicains, dont il était loin de se douter, et Vaubois arriva le 26 juin à Pistoïa, où il fut rejoint le même jour par Bonaparte, qui venait de se dérober inopinément aux fêtes de Bologne, pour franchir l'Apennin.

Le général en chef s'apprêta aussitôt à mettre à exécution son projet favori, celui sur lequel le Directoire depuis longtemps insistait le plus particulièrement. C'était, comme nous l'avons dit, de chasser les Anglais de Livourne, qu'ils occupaient, en apparence, contre la volonté du grand-duc, et dont ils avaient fait l'entrepôt de leur commerce dans ces parages.

Qu'importait en effet que l'on eût forcé Rome d'interdire ses ports aux Anglais, si celui de Livourne leur restait ouvert sur les derrières de l'armée, dont ils pouvaient alarmer la sûreté? La possession de cette ville était donc de la plus haute importance pour le gouvernement républicain, qu'elle mettait à même de soulever la Corse contre les Anglais et de les expulser entièrement de la Méditerranée, où les flottes françaises allaient seules dominer de nouveau. Ces résultats étaient bien désirables sans doute; mais pour y arriver, il fallait méconnaître ouvertement la neutralité de la Toscane, et manquer aux engagemens pris récemment encore envers elle. Mais les lois de la guerre ne sont-elles pas une violation continuelle du droit des gens? A la tête d'une armée, on a toujours d'excellentes raisons à donner à un prince sans défense. On ne voulut plus voir dans le grand-duc qu'un souverain, malgré lui, sous le joug de l'Angleterre. Ce n'était, disait-on, que contre les Anglais qu'on allait marcher, pour rendre à Ferdinand son indépendance. « Ces lâches insulaires n'avaient-ils pas bien autrement violé la neutralité de Gênes, dans l'affaire de *la Modeste* et dans tant d'autres ? » Au surplus, les ordres du Directoire étaient précis : Bonaparte dut obéir.

Cependant, pour adoucir autant qu'il était en lui ce que cette invasion pouvait avoir d'odieux, avant de quitter Pistoïa, il écrivit à Ferdinand-Joseph, et lui envoya sa lettre par son aide de camp Marmont. Il lui marquait que le pavillon de la République ayant été constamment insulté dans le port de Livourne, que l'agent de Toscane résidant à Paris ayant avoué lui-même l'impossibilité où se trouvait la cour de Florence de réprimer de pareils excès, le gouvernement français avait résolu de repousser la force par la force. Qu'en conséquence, le 28 juin, une division républicaine entrerait dans Livourne, où le pavillon toscan, la garnison, les propriétés du prince et de ses sujets seraient scrupuleusement respectés.

« Je suis en outre chargé, ajoutait-il,
« d'assurer votre Altesse Royale du désir
« qu'a le gouvernement français de voir
« continuer l'amitié qui unit les deux
« États, et de la conviction où il est que
« votre Altesse Royale, témoin, chaque
« jour, des excès auxquels se livrent les
« vaisseaux anglais, sans pouvoir y porter
« remède, applaudira aux mesures justes,
« utiles et nécessaires qu'a prises le Direc-
« toire exécutif. »

§ VIII.

Le lendemain, l'avant-garde, commandée par Murat, se met en route et traverse l'Arno à Fucecchio. Au lieu de suivre la route de Sienne, elle tourne brusquement à droite, se dirige à marches forcées sur Livourne, où elle espérait surprendre les Anglais, dont les bâtimens de commerce encombraient le port : mais ils furent avertis à temps et cinglèrent aussitôt vers la Corse.

Livourne, l'une des villes les plus opulentes de l'Italie, n'était autrefois qu'un petit bourg désert et malsain que Gênes céda aux Médicis. Choisi bientôt pour devenir un port de commerce, l'industrie y opéra ses prodiges. Son enceinte, tracée pour contenir dix mille habitans, en renferme aujourd'hui plus de cinquante mille. Il n'y faut point chercher ces palais somptueux, ces églises magnifiques, ces musées remplis des tableaux des grands maîtres, qui appellent les regards des curieux dans les autres villes de la Toscane : mais partout des chantiers, des manufactures, des fabriques annoncent une population active et occupée. Aussi Livourne présente-t-elle plutôt l'aspect d'une ville commerçante de France ou d'Allemagne que d'une cité italienne.

On y avait intérêt à ne voir que des amis dans les Républicains, et ils furent reçus comme tels. Mais tandis qu'ils occupaient la ville, les Anglais, maîtres de la mer, s'emparèrent de l'île d'Elbe et bloquèrent le port de Livourne, dont ils paralysèrent totalement le commerce. Les forteresses furent remises aux Français, qui firent arrêter et conduire à Florence le gouverneur toscan, Spanocchi, accusé de s'être montré contraire aux nouveaux venus en laissant les Anglais, à leur départ, s'emparer, sous ses yeux, de deux navires appartenant à la France. Bonaparte, après l'avoir fait venir devant lui et l'avoir rudement gourmandé, le renvoya à la disposition du grand-duc, pour donner à celui-ci une preuve éclatante du respect qu'il portait à son autorité (1). On procéda ensuite aux mesures financières indiquées par le Directoire. Salicetti chargea le citoyen

---

(1) Napoléon reconnut depuis l'erreur où il avait été à l'égard de Spanocchi, et se reprocha vivement les mauvais traitemens qu'il lui avait fait endurer. « Je le « maltraitais; j'avais tort: je pus m'en assurer depuis. « Spanocchi était plein de noblesse et de loyauté; j'en fis « l'expérience à l'île d'Elbe. » (Antomarchi, tome 1, page 160.)

Belleville, consul de France à Livourne, de faire mettre le séquestre sur les propriétés anglaises, autrichiennes et russes. On n'y pouvait parvenir sans de nombreuses recherches. Les négocians, inquiétés par des visites continuelles, offrirent une somme de cinq millions pour s'affranchir de cette inquisition. La vente des objets confisqués en produisit une autre de douze millions, quoique la fraude et le gaspillage en fissent perdre une partie. Déjà Bonaparte avait alimenté à différentes reprises les caisses du Directoire, celles mêmes de l'armée du Rhin et de la division de Kellermann ; mais il fallait y ajouter incessamment ; et des flots d'or devaient couler du haut des Alpes dans le sein de la France, pour y ranimer ses ressources épuisées.

§ IX.

Telle était la situation de l'armée d'Italie, forcée de se suffire à elle-même, de soutenir encore le gouvernement, de nourrir enfin la guerre par la guerre, qu'il lui fallait sans cesse parler de confiscations et d'impôts à des peuples ardens, dont cependant elle voulait conquérir l'amitié. Cette observation, nous l'avons déjà faite et nous nous répétons avec intention ; car on ne peut bien juger des hommes et des choses qu'en se replaçant incessamment sous les yeux les circonstances au milieu desquelles ils se trouvent.

La politique du Directoire était avide et violente. Pressé par le besoin d'argent, il ne voulait voir dans les peuples conquis, envahis, qu'une nouvelle masse de contribuables. Il fallait que chaque action, chaque victoire lui rapportât. Tout chez lui tendait à ce but. Ne redoutant que les ennemis de l'intérieur, et non ceux du dehors, il ne craignait point d'augmenter le nombre de ceux-ci. C'était pour lui nouvelle matière imposable. Peu confiant dans l'avenir, il voulait pressurer l'Italie tandis qu'il la tenait. Comme toute puissance dont la durée est limitée, il se hâtait d'agir, activait les événemens, les résultats ; car ses regards n'apercevaient plus rien au delà d'un terme de cinq années. Les consuls romains étaient habiles à susciter des guerres pendant la durée de leur consulat, pour attacher leur nom à de grandes victoires ou faire des fortunes plus rapides ; les Directeurs de France agissaient de même. De là, leur politique prenait un caractère d'audace qu'elle devait à leur faiblesse même et au peu de consistance de leurs projets. Si Bonaparte s'était entièrement livré à l'impulsion qu'ils voulaient lui donner, comme un vautour qui fond sur sa proie, il eût parcouru toute la Péninsule jusqu'à Naples, pour en rapporter de riches dépouilles. C'était là ce qui leur avait encore souri dans leur dessein de partager l'armée en deux. L'une eût contenu l'ennemi ; l'autre eût été battre monnaie de ville en ville. Les besoins pécuniaires de la France réclamaient sans doute des mesures promptes et vigoureuses ; mais un gouvernement doit-il compromettre tout son avenir pour se créer une ressource passagère, tuer la poule pour avoir l'œuf d'or? Ramené à la raison par la sage résistance de son général, le Directoire ne cédait cependant qu'avec peine et l'excitait de nouveau à rançonner les puissances neutres, comme les puissances ennemies. C'était maintenant sur Venise, sur Gênes, sur la Toscane, qu'il voulait tomber de tout le poids de sa rapacité. Tous, à l'entendre, étaient de mauvaise foi, tous trahissaient les intérêts de la France. Il en pouvait bien être quelque chose ; mais Bonaparte sentait que le moment n'était pas venu de forcer au réveil l'ennemi qui sommeillait. Aussi, plus clairvoyant, plus habile que le Directoire, cherchait-il à calmer son ardeur intempestive, en adoptant une partie de ses vues, mais reculant leur exécution vers des temps plus propices. Ses succès, ses traités, ses armistices fructueux venaient si bien soutenir ses argumens, qu'il fallait bien le laisser faire. Telle est la conviction que l'on acquiert en lisant attentivement et de bonne foi la volumineuse correspondance entre Bonaparte et le cabinet du Luxembourg, lecture pénible, s'il en fut, qui prouve la perversité de ce gouvernement d'agioteurs, qui montre tout ce que la guerre entraîne après elle de lâchetés et de perfidies. Et la gloire est au bout de cela !... La gloire !... la gloire véritable ! elle n'appartient qu'au soldat qui combat pour son pays et pour sa famille. Ceux qui le poussent au triomphe sont rarement dignes de le partager avec lui. Que de fois il aurait à frémir d'indignation, s'il savait dans quel but on le fait agir ! Un champ de bataille est moins odieux à la vue que ces pages sinistres où sont inscrits les secrets de la diplomatie et de la politique.

§ X.

Après avoir donné les ordres nécessaires pour assurer le sort des troupes, et nommé le général Vaubois au commandement de la ville de Livourne, Bonaparte se rendit à Florence, où l'appelait une invitation du grand-duc (1).

---

(1) En passant à San-Miniato, sur l'Arno, à quelques lieues de Florence, Bonaparte s'arrêta chez un vieil

Jaloux de répondre par des témoignages de confiance à l'estime particulière qu'avait toujours semblé lui marquer Fer-

---

abbé, membre de sa famille, et qui, ravi de trouver un des siens dans le vainqueur des Autrichiens, le logea et l'hébergea, ainsi que son état-major, avec une grande magnificence. Mais cette noble hospitalité était quelque peu intéressée. Après que les rapports d'intimité se furent établis entre l'hôte et le commensal, l'abbé ayant pris soin de mettre la conversation sur les membres de la famille qui devaient concourir le plus à son illustration, du ton d'un homme qui prépare une grande surprise et qui va demander un grand service, annonça au jeune général qu'il allait lui communiquer un précieux document, bien honorable pour tous deux. C'était un mémoire sur un certain père Bonaventure Bonaparte, capucin de Bologne, mort en odeur de sainteté, et qui avait obtenu depuis long-temps les honneurs de la béatification sans qu'on ait pu encore le faire canoniser, vu les dépenses exorbitantes que cette cérémonie entraîne avec elle. Le bon abbé, plus fier encore d'être allié par le sang à un béat qu'à un illustre général, supplia son parent d'user de l'influence que son dernier traité avec le pape avait dû lui donner à la cour de Rome, pour terminer entièrement l'affaire du père Bonaventure, insistant toujours sur l'honneur qui en rejaillirait sur lui et sur toute sa famille. Homme simple, qui ne s'apercevait pas du rôle singulier qu'eût joué alors le chef des soldats de dinand, le général arriva sans escorte chez le ministre de la République, où l'attendait un bataillon de soldats toscans, qui lui servit de garde d'honneur jusqu'au palais. Le prince lui fit l'accueil le plus affable; et, comme il est des positions où tout devient contraste et bizarrerie, le général de la République française, le vainqueur des soldats de l'Autriche, se trouva bientôt à table auprès d'un frère de l'Empereur et de son épouse, issue de la famille des Bourbons. Le hasard vint ajouter encore à ce singulier spectacle : c'est pendant le cours de ce dîner que Bonaparte apprit la capitulation de la forteresse de Milan, qui avait eu lieu le 29 juin. La garnison s'était rendue prisonnière. Ce nouveau coup, qui frappait sur leur famille, dut briser le cœur du duc et de la duchesse; il leur fallut cependant maîtriser le sentiment pénible qui les agitait, pour offrir leurs félicitations à l'heureux Bonaparte.

---

la France républicaine et déiste, en s'occupant de donner un saint de plus à l'Église.

Celui-ci ne séjourna que peu de temps à Florence et retourna bientôt à Bologne, attiré par le bruit d'un soulèvement qui avait éclaté dans les environs de Faenza.

§ XI.

Dans le gros bourg de Lugo, situé près d'Imola et de Faenza, sous le nom d'armée catholique et pontificale, un ramas de paysans soulevé par les nobles et par le clergé, qu'irritaient les derniers coups dont Rome venait d'être frappée par l'armistice, se leva spontanément pour combattre les Français, et défit, dans une embuscade, les premières troupes qui se présentèrent pour le dissiper.

Trop de sang avait déjà coulé dans de pareils soulèvemens. En sévissant avec trop de rigueur, Bonaparte craignit d'attirer une terrible responsabilité sur son armée, peu nombreuse encore, vu la grande portion de terrain qu'elle occupait du Piémont au Tyrol, du Milanais à la Romagne. Augereau reçut l'ordre de tenter la voie de l'accommodement, quoique le sang de ses soldats demandât vengeance. L'évêque d'Imola, qui, depuis, fut pape sous le nom de Pie VII, s'interposa entre le général français et les révoltés, et fit un mandement pour conjurer l'orage qui s'apprêtait à fondre sur ces derniers; mais les Lughésiens, enivrés par un premier succès, étaient dans cet état d'exaltation où la voix de la raison ne peut se faire entendre au milieu des cris forcenés des passions. Les propositions du général, les instances de l'évêque, tout fut inutile. Le mandement fut foulé aux pieds; l'officier chargé de leur porter un message de paix fut assassiné par eux et sa tête attachée aux murailles de l'hôtel-de-ville de Lugo, auprès de celles des soldats français déjà tombés sous leurs coups. Il n'y avait plus de traité possible. Ils furent attaqués, écrasés dans un combat qui dura trois heures. Après qu'on en eût fait sortir les enfans et les femmes, Lugo fut livré aux flammes.

Pour arrêter toute tentative semblable

dans le Ferrarais, Augereau publia l'arrêté suivant si terrible et si laconique.

Article premier. Toutes les communes seront désarmées de toute espèce d'armes à feu, lesquelles seront déposées à Ferrare.

Art. ii. Toute personne qui, vingt-quatre heures après la publication de la présente, n'aura pas déposé ses armes à feu, sera fusillée.

Art. iii. Toute ville ou village où se trouvera un Français assassiné sera livrée aux flammes.

Art. iv. Si un habitant est convaincu d'avoir tiré un coup de fusil sur un Français, il sera fusillé et sa maison brûlée ;

Art. v. Si un village s'arme, il sera brûlé.

Art. vi. Il est défendu de s'attrouper avec ou sans armes. Tout chef de révolte et d'attroupement sera puni de mort.

Après cette expédition, dont la rigueur anéantit l'espérance des mécontens, Livourne étant occupée par Vaubois, Bologne tout entière dévouée au système français, le pape contenu par l'armistice, les habitans de Modène et de Reggio dans un esprit tellement opposé à celui de leur régence, qu'ils répondaient des entreprises de celle-ci, les troupes passèrent le Pô et rejoignirent l'armée sous Mantoue. De grands résultats étaient obtenus, et cette fois la réputation guerrière des Républicains avaient plus fait que leur valeur. Mais le temps pressait. La troisième armée autrichienne se formait en ligne pour disputer l'Italie aux Français.

CHAPITRE II.

Masséna sur l'Adige. — Note sur Mantoue. — Arrivée de Bonaparte devant cette ville. — Premiers combats sous la place. — Sommation. — Travaux du blocus. Wurmser entre en campagne. — Situation des deux armées. — Joubert et Masséna en retraite. — Sauret battu à Salo. — Château de Martininque. — Lasalle prisonnier à Brescia.

§ Ier.

Tandis que le général en chef parcourait les provinces méridionales de l'Italie, Masséna, toujours sur l'Adige, contenait les restes de l'armée autrichienne, déjà renforcés par des troupes tirées de la Carinthie et de la Styrie. Les positions presqu'inexpugnables occupées par les Français à Rivoli et à la Corona, leur livraient les routes du Tyrol. Les Autrichiens cependant étaient parvenus à placer leurs avant-postes, non loin de ceux des Républicains, derrière de forts retranchemens qui s'étendaient, sur une chaîne montagneuse, de Bellune au lac de la Garda.

Masséna s'irrita bientôt d'un semblable voisinage, et, par son ordre, le 7 juillet, Joubert aborda les Impériaux, les culbuta, détruisit ces retranchemens, à l'abri desquels ils se croyaient en sûreté, et les força de s'abriter derrière Roveredo. Pour arriver à ce résultat, ses soldats durent, l'arme au bras, gravir des rochers escarpés, sous le feu de l'ennemi. La guerre des Alpes les avait accoutumés à triompher de semblables obstacles.

De son côté, Serrurier qui, avec sa division, continuait toujours le blocus de Mantoue depuis la première attaque du faubourg Saint-Georges, avait vu, faute de pièces de siége, le mois de juin s'écouler pour lui sans événemens. Les canons envoyés de Ferrare, de Bologne, du château d'Urbin à Borgo-Forte, arrivaient, mais lentement, vu la distance des lieux et la difficulté des moyens de transport. Le parc cependant commençait à se former; tout allait reprendre une nouvelle activité autour de cette antique forteresse. C'est là que devait se décider le sort de l'Italie.

§ II.

Mantoue, qui fait remonter sa fondation au temps des anciens rois d'Etrurie, est située sur un lac formé par le Mincio, au milieu d'un terrain entrecoupé de mille canaux. On n'en peut approcher que par trois chaussées principales, entourées de fortifications à leur extrémité. A l'est, du côté de Porto-Legnago, c'est le fort ou faubourg Saint-Georges; au sud-ouest, l'ouvrage à cornes de la porte Pradella, faisant face à la route de Bozzolo et de Crémone; enfin la route et les ouvrages avancés de Cérèse, qui regardent le chemin de Modène. De l'orient au septentrion, les eaux du lac environnent Mantoue, dont des marais profonds terminent la ceinture du couchant au midi, à l'exception d'une presqu'île sur laquelle est bâti le palais du T, ainsi nommé pour sa forme bizarre qui représente cette lettre de l'alphabet. Au bout de cette presqu'île, dans un endroit nommé *le Migliaretto*, et qui, formant une grande couronne, semble donner à la ville une double enceinte, les Autrichiens avaient construit de larges fossés et de solides retranchemens.

Elevée par les anciens ducs et située au nord, sur Vérone, la citadelle domine le lac, côté le plus vulnérable de la place, puisqu'on y peut aborder sur des barques, tandis qu'en toute saison les marais sont absolument impraticables. Entre la porte Saint-Georges et la citadelle s'élève aussi *la Favorite*, antique palais fortifié des Gonzague.

Des tranchées, des poternes, des bastions protégeaient encore Mantoue, qui trouvait un moyen de défense de plus dans l'air pestilentiel qu'exhalaient ses eaux stagnantes et ses marais fangeux.

La rapidité des succès de l'armée française, qui, d'une manière si inattendue, avait porté le théâtre de la guerre dans l'Italie supérieure, s'était cependant opposée à ce que Beaulieu pût mettre la place dans un état complet de défense. Les choses mêmes qui, au premier aperçu, semblaient coopérer le plus à la sûreté de la ville, après un mûr examen, laissaient apercevoir leurs nombreux inconvéniens.

Au moyen de retranchemens élevés sur les points accessibles, on pouvait facilement bloquer la ville avec un petit nombre de troupes. Les chaussées longues et étroites qu'il fallait traverser pour attaquer les ouvrages de la place, offraient aussi un obstacle aux assiégés lorsqu'ils voulaient tenter des sorties pour renouveler leurs approvisionnemens, ou pour détruire les ouvrages avancés élevés par leurs adversaires. Il devenait aisé de les apercevoir et de les combattre sur cet espace resserré où ils ne pouvaient opérer le déploiement de leurs forces. Les maladies nombreuses causées par la mauvaise qualité de l'air attaquaient les soldats de la garnison comme ceux du blocus, et ceux-ci avaient plus de moyens de se recruter et de réparer leurs pertes.

Donc, si Mantoue acquit autant d'importance dans cette guerre, la cause en fut plutôt à la force des événemens eux-mêmes qu'à la solidité de la place. Qu'on suppose un instant l'armée française, en Italie, plus nombreuse, et celle du Rhin secondant ses opérations avec énergie, Bonaparte, laissant Mantoue bloquée derrière lui, eût été bientôt dans le cœur de l'empire. Il ne pouvait le faire sans courir à sa perte, et dut s'en abstenir.

Comme nous l'avons dit, Beaulieu, après son passage du Mincio, avait jeté douze mille hommes dans la ville. Le colonel Sturioni gardait le faubourg Saint-Georges, et c'était sur lui que s'était d'abord exercé la valeur républicaine, lorsque ce poste avait été emporté le 4 juin par Serrurier, Lannes et Dallemagne. Il commandait deux mille soldats, ainsi que Wuckassowich, placé à la porte Pradella. Roselmini, avec trois mille cinq cents hommes, défendait la citadelle; Roccavina, les retranchemens et le front du Migliaretto, dans la presqu'île du T. Enfin, le général Canto-d'Irlès, Espagnol d'origine, occupait le poste de gouverneur, et surveillait les remparts de Mantoue, protégés par trois cent seize bouches à feu.

Si tout était prêt pour la défense, tout aussi se préparait pour l'attaque.

Le quartier général avait été nouvellement transporté de Bologne à Roverbella, où se trouvait Serrurier. Des chaloupes parcouraient le lac inférieur, pour reconnaître les endroits attaquables de la place et de la citadelle. De tous côtés s'élevaient des ouvrages propres à contenir les assiégés; les hauteurs de Belfiore et de Montala se garnissaient de batteries qui devaient battre en brèche la citadelle et les fortifications avancées de Saint-Georges. Mais l'ardent Wuckassowich parvint, le 6 juillet, à détruire une partie de ces retranchemens. Le 16 du même mois, sorti de la porte Cérèse avec quinze cents hommes, tandis que trois mille autres débouchaient par celle de Pradella, il fit encore reculer les avant-postes républicains, et se disposait à se précipiter sur leurs batteries pour les enlever, lorsque Fiorella, Dallemagne et Dupas le chargèrent avec vigueur, et le contraignirent de se retirer.

§ III.

Le général en chef venait d'arriver devant Mantoue. Sa présence donnait une nouvelle activité aux travaux, une valeur plus confiante aux soldats. Bonaparte était au milieu d'eux; chaque jour allait avoir son combat.

Prévoyant que l'arrivée de Wurmser le forcerait de changer l'ordre de ses opérations, fatigué d'avance des lenteurs inévitables d'un siége en règle, il résolut bientôt d'enlever la place par un coup de main rapide, audacieux, mais qui, *comme tous ceux de cette nature, dépendait absolument d'un chien ou d'une oie* (1).

---

(1) Lettre de Bonaparte au Directoire (24 messidor).

Le 17 juillet, cent hommes déterminés se jettent dans des barques ; si le succès favorise leur projet, armés de la hache et du fusil, ils vont traverser le lac, s'emparer inopinément d'une poterne, et ouvrir enfin à leurs frères d'armes impatiens une voie par laquelle ils pourront pénétrer. Mais les chaleurs accablantes du jour précédent, la baisse subite du Pô, avaient entraîné ou tari les eaux du lac inférieur. Mantoue n'était plus environnée que de marais, et les barques tentèrent vainement de se frayer un passage à travers cette vase infecte.

A toute force, néanmoins, Bonaparte voulait avoir la place avant l'arrivée de Wurmser. Le chef de brigade du génie, Chasseloup, répondit du succès après quinze jours de tranchée, et tout marcha aussitôt vers ce but.

Andréossi, alors chef de bataillon d'artillerie, attire l'attention des Autrichiens par la manœuvre des chaloupes canonnières qu'il dirige. Ce n'était là qu'un faux mouvement, et, tandis que les batteries des remparts se tournent contre lui, Dallemagne, à la tête de deux mille hommes, au milieu de la nuit, attaque par la gauche Roccavina, dans son camp retranché du Migliaretto, après avoir traversé le bras du lac inférieur à Pietoli. Murat et l'adjudant général Vignolles s'élancent par la droite avec un nombre égal de troupes. Les Autrichiens, épouvantés, écrasés, après une défense vaine, se retirent en désordre dans la ville, vivement poursuivis par leurs audacieux adversaires, qui arrivent pêle-mêle avec eux jusque sous les chemins couverts, et tentent même d'enlever les palissades. Mais Roccavina avait repris l'avantage de la position ; de nombreux renforts arrivaient pour le soutenir ; Serrurier fit donner aux troupes l'ordre de se retirer.

Le Magliaretto était conquis, ainsi que le terrain de Pietoli. Chasseloup, n'ayant plus devant lui qu'un bastion et un fossé plein d'eau, ouvrit aussitôt la tranchée sous le feu même des batteries autrichiennes. L'artillerie des Républicains tonna alors contre la place. Six pièces de canon à boulets rouges et six mortiers placés aux portes que les Français avaient à Saint-Georges et à Pradella, furent servis avec tant de vigueur et d'adresse que les flammes s'élevèrent bientôt de tous les points de la ville. En vain les Autrichiens, protégés par l'artillerie de leurs remparts, tentèrent, pour arrêter un tel désastre, de repousser les assaillans. Leurs sorties ne furent couronnées d'aucun succès, et la cité de Mantoue vit bientôt avec épouvante errer au milieu de ses murs des soldats mutilés et sanglans, des vieillards, des femmes à demi nues, chassés de leurs maisons embrasées. Des moines, à genoux, le crucifix à la main, essayaient encore de lutter par la prière contre le péril qui les menaçait. Le fracas des bombes étouffait leur voix, et plusieurs de leurs couvens disparurent dans l'incendie avec les palais de la douane et de Colloredo.

Avide de temps, Bonaparte fait aussitôt adresser par Berthier au gouverneur de

Mantoue la sommation suivante : « Le
« général en chef me charge, Monsieur,
« de vous écrire qu'attaqué de tous côtés,
« vous n'êtes pas en état de défendre plus
« long-temps la ville de Mantoue ; qu'une
« opiniâtreté déplacée ruinerait entière-
« ment cette cité infortunée; que les lois
« de la guerre vous prescrivent impérieuse-
« ment de rendre cette ville; et que si, con-
« tre son attente, vous vous obstiniez à une
« plus longue résistance, vous seriez res-
« ponsable du sang inutile que vous feriez
« verser, de la destruction et des malheurs
« de cette grande ville ; ce qui le forcerait
« de vous traiter avec toutes les rigueurs
« de la guerre. » Le général Canto-d'Irlès
était averti de l'approche de Wurmser ; il
fit à cette lettre, emphatiquement mena-
çante, cette réponse noble et simple. « Les
« lois de l'honneur m'imposent le devoir
« de défendre jusqu'à la dernière extré-
« mité la place qui m'est confiée. »

La force seule devait donc en décider.
Les assiégeans redoublèrent d'ardeur et
d'activité ; les travaux furent augmentés; de

nouvelles batteries s'élevèrent du côté de Saint-Georges et de la citadelle, pour détruire les écluses qui retenaient les eaux entre Pradella et Cérèse; d'autres furent placées sur la rive gauche du Mincio. Le 22 juillet, la tranchée n'était plus qu'à cinquante toises du chemin couvert; quelques jours encore et ce dernier boulevart de la maison impériale en Italie allait tomber. L'armée républicaine croyait toucher à un triomphe complet; elle touchait à sa ruine.

§ IV.

Wurmser avait promptement suivi les nombreux renforts envoyés par l'Autriche, et, depuis quelques jours, il était, dans le Tyrol italien, occupé de tout disposer pour entrer en campagne d'une manière brillante et décisive. Il étudia d'abord la force et la situation de l'armée française. Elle était de cinquante mille hommes disséminés depuis Ferrare jusqu'à Mantoue. Dix mille, environ, étaient devant cette dernière place; mais déjà les vapeurs méphitiques des marais en avaient relégué un grand nombre dans les hôpitaux.

Pour lutter contre l'orage qui allait fondre sur lui des montagnes du Tyrol, Bonaparte avait rassemblé toutes ses troupes disponibles à l'armée d'observation, sur les bords de l'Adige. Augereau en commandait la droite, qui s'appuyait à Porto-Legnago et à Ronco, au devant de Mantoue, et comptait cinq mille hommes. Le centre, fort de quinze mille hommes, était confié à Masséna. Sous ses ordres, Rampon gardait Vérone, Victor Bussolengo ; le reste de la division campait sur l'important plateau de Rivoli, et, toujours s'alongeant entre le lac et le fleuve, vers Alla et Roveredo, garnissait les hauteurs de la Corona et du Monte-Baldo, où se trouvait Joubert.

Entre le lac de la Garda et celui d'Idro, la division du général Sauret, qui formait la gauche avec quatre mille cinq cents hommes, couvrait Salo, interceptant le chemin de Trente à Brescia par les vallées de la Chiese. Despinois, avec quatre mille hommes, formait la réserve de ligne et occupait Peschiera; Kilmaine, commandant quinze cents cavaliers, formait une seconde réserve à Valeggio. Les garnisons de Bologne, de Livourne, de Milan, de Tortone, de Coni et de Pizzighettone présentaient un effectif de dix mille hommes.

L'armée de l'Adige n'avait donc que trente mille soldats à opposer au général autrichien, qui en comptait soixante mille. Le plan de Wurmser était de descendre du Tyrol pour longer à la fois les deux rives du lac de la Garda, ce qui le mettait à même d'attaquer sur ses deux flancs le blocus de Mantoue, d'en faire lever le siége, et de s'appuyer alors sur cette place avec des forces considérables pour reconquérir le Milanais. Avec une armée animée d'un excellent esprit, deux fois plus forte en nombre que celle de ses adversaires, les projets du feld-maréchal ne s'arrêtaient sans doute pas là. Des succès rapides l'affermirent bientôt encore dans ses espérances.

Le 29 juillet (11 thermidor), Quasdanowich, ayant sous lui Ocskay et le prince de Reuss, marcha par Riva sur Salo, avec vingt-quatre pièces de gros calibre, pour écraser Sauret et se frayer un passage jusqu'à Brescia. Wurmser, au centre, avec trente mille hommes, se porta sur la rive opposée du lac de la Garda, pour s'emparer des positions occupées par Joubert et Masséna. Mélas, Sebottendorf, Bayalitsch et Liptay commandaient sous ses ordres.

Après s'être emparé de Salo, Quasdanowich devait envoyer une partie de sa division rejoindre Wurmser vers Dezenzano et Lonato, à l'extrémité du lac. Davidowich, commandant l'aile gauche de l'armée impériale, descendait l'Adige par Alla et Dolce, où, jetant un pont, il allait communiquer avec le centre. Une colonne détachée de sa division et sous le commandement de Mezaros, se portait sur Vérone, longeant, comme Davidowich, la rive gauche du fleuve.

§ V.

Ainsi menacé de tous côtés, Masséna se trouvait dans le péril le plus imminent. Sebottendorf attaque de front les positions du Monte-Baldo, tandis que le général Mélas prend le mont à revers. Joubert, qui commandait l'avant-garde républicaine, était malade, et ce jour même avait essayé de tous les secours de l'art. Surpris à l'improviste, il donna cependant ses ordres pour résister aux Autrichiens : mais les postes de la gauche ayant été culbutés, il se vit lui-même au moment de tomber entre les mains de l'ennemi, et ne fut sauvé que par le dévouement d'une compagnie de carabiniers. Forcé de se replier devant la masse qui l'écrase, il abandonne bientôt les positions de Brentino et de la Corona, et se retire sur Rivoli.

Au même instant, Masséna apprend que Davidowich vient de traverser l'Adige à Dolce, pour seconder le mouvement de Sebottendorf, et que Mezaros marche sur Vérone. La résistance était impossible. Un seul défilé, celui d'Osteria restait au général français pour assurer sa retraite, encore Wurmser pouvait-il l'y devancer et tout alors était perdu, car Masséna avait sous ses ordres une moitié de l'armée de l'Adige. Il hâte sa retraite, franchit heureusement l'étroit passage, et se replie entre Rivoli et Castel-Novo où était le quartier général.

Le même jour, la colonne de Quasdanowich, forte de dix-huit mille combattans, parut aux approches de Salo, où le général Sauret n'avait pas quatre mille hommes à leur opposer. Il lui était facile cependant de couvrir la ville en établissant une forte avant-garde à la Rocca d'Anfo (petit fort situé entre les lacs de la Garda et d'Idro et qui défend le seul sentier praticable à l'artillerie). En se portant ensuite au secours de son avant-garde, il pouvait résister assez long-temps à l'ennemi, pour attendre des renforts ou des ordres du quartier général. Il ne le fit point et ce fut une faute grave.

Pénétré néanmoins de l'importance de sa position, Sauret voulut défendre l'abord de la ville et attendit les Impériaux dans un poste fortifié, situé à l'extrémité du Val-di-Sabbia. Pendant deux heures, le terrain fut disputé avec un acharnement tel, qu'on put douter un instant des suites d'un combat aussi disproportionné ; mais les Autrichiens aux avantages du nombre joignaient ceux d'une artillerie bien servie. Ils devaient triompher ; ils triomphèrent. Rusca, pendant l'action, tomba dangereusement blessé. Les Français battirent en retraite sur Salo, qu'ils avaient encore l'espérance de pouvoir défendre ; mais l'ennemi l'occupait déjà. Il fallut, les armes à la main, s'ouvrir un passage à travers la ville et se porter rapidement jusqu'à Dezenzano.

Ce fut alors qu'un coup d'audace pareil à celui qu'avait tenté Charles XII à Bender, étonna les deux armées.

Quatre cents hommes de la 27ᵉ demi-brigade d'infanterie légère, commandés par le chef de bataillon Zineti, furent coupés dans leur retraite, en avant de Salo, et tentèrent en vain de se faire jour afin de suivre le mouvement de leur division. Cernés, accablés par une force imposante, ils interrompent soudain leur marche et se jettent brusquement dans un vieux château presqu'en ruine, appelé *Martininque*. Ils s'y retranchent. Ziucti était tombé entre les mains des Autrichiens ; le chef de bataillon Bérard le remplace. Sans munitions de bouche et presque sans munitions de guerre, la petite troupe repousse les assauts d'un ennemi dont le nombre seul semblait accuser sa résistance de délire. Deux jours entiers, cette poignée de héros, privée de sommeil et de nourriture, résiste aux efforts des Impériaux, aux séductions de leurs parlementaires, se maintient dans son poste et ne cesse de combattre que lorsque la bonne fortune est revenue.

Le général Guyeux, laissé par Sauret dans une forteresse avec quinze cents hommes, s'y défendit aussi avec la même intrépidité et le même succès (1).

---

(1) Les historiens militaires qui ont eu à retracer les événemens de cette époque, répètent tous, sans excep-

§ VI.

Déjà les Autrichiens s'étaient portés vers Brescia, où un assez grand nombre de soldats français tombèrent en leur pouvoir avec la ville. Parmi les officiers que trahissait ainsi le sort des armes, se trouvait le jeune et intrépide Lasalle, alors adjoint à l'adjudant-général Kellermann.

Lasalle, dont toute la vie ne fut qu'une suite de brillans faits d'armes, en 1786, à l'âge de douze ans, servait en qualité d'officier dans le régiment d'Alsace. Il ne devait ce titre qu'à sa naissance. La révolution vint comme pour lui apprendre qu'à l'exemple de son parent Fabert, c'était sur un champ de bataille qu'il devait conquérir ses épau-

---

tion, une première version inexacte sur ce double fait. Confondant ces deux épisodes, ils n'en font honneur qu'au général Guyeux seul, et l'action héroïque de Zaneti et de Bérard est passée sous silence. Les documens que nous avons sous les yeux, le rapport même de la 27ᵉ demi-brigade, rédigé par les membres composant son conseil d'administration, ne permettent pas de douter de l'exactitude de ce que nous avançons.

lettes. Il s'engage alors simple soldat dans un régiment de chasseurs à cheval, combat dans le nord, et à dix-neuf ans se voit revêtu d'un grade qu'il ne doit plus qu'à lui-même. Les grâces de sa figure et de son esprit, l'élégance de ses manières, sa gaieté facile et entraînante, le rendaient cher à ses camarades et à ses chefs; sa bravoure impétueuse et les actions d'éclat par lesquelles il s'était déjà signalé en Italie, le faisaient chérir du soldat. Tout semblait ouvrir devant lui une carrière de gloire, lorsque, fait prisonnier à Brescia, il se voit arrêté au milieu de la lice qu'il parcourait avec tant d'ardeur. Conduit avec ses compagnons d'infortune au quartier général de Wurmser, il se trouva bientôt sous les yeux du vieux maréchal, qui, attiré par son air de jeunesse et de franchise, se plut à l'interroger sur les chefs de l'armée républicaine. Enivré sans doute du glorieux début de ses opérations en Italie, fier de sa vieille expérience, Wurmser, non sans quelque ironie, demanda enfin à Lasalle quel âge devait avoir ce Bonaparte dont le nom venait de se révéler tout à coup : « L'âge qu'avait Scipion lorsqu'il vainquit Annibal, » lui répondit fièrement le jeune républicain. Wurmser sourit, loua son prisonnier sur l'intérêt qu'il semblait porter à son chef, et ne tarda pas à le renvoyer sur parole.

« C'est à Varron, vis-à-vis d'Annibal, qu'il fallait comparer Bonaparte, » se disait peut-être l'heureux Wurmser, qui croyait devoir être plus fatal à la France que le général carthaginois ne l'avait été à Rome. Masséna et Sauret fuyaient devant lui. De cette faible armée de républicains, déjà deux mille hommes avaient succombé, trois mille étaient prisonniers. Il touchait aux rives du Mincio; Mantoue, Milan n'attendaient plus que la vue d'un drapeau autrichien, et Bonaparte n'avait pas encore paru!

CHAPITRE III.

Alerte au quartier général français. — Mouvement de l'armée. — Sauret délivre Guyeux et Bérard. — Premier combat de Lonato et de Dezenzano. — Entrée de Wurmser dans Mantoue. — Bonaparte passe en revue la division d'Augereau. — Combats de Lonato et de Castiglione.

§ Ier.

Dans une des dernières lettres adressées par le général en chef au Directoire, après lui avoir fait part de sa position et de celle de Wurmser, il s'écriait : « Malheur à qui calculera mal! » Jusqu'alors les fautes de calcul ne pouvaient être attribuées à Wurmser. L'armée française se voyait déjà compromise dans son existence, et rien n'annonçait que Bonaparte eût prévu les coups multipliés qui le frappaient de tant de côtés à la fois.

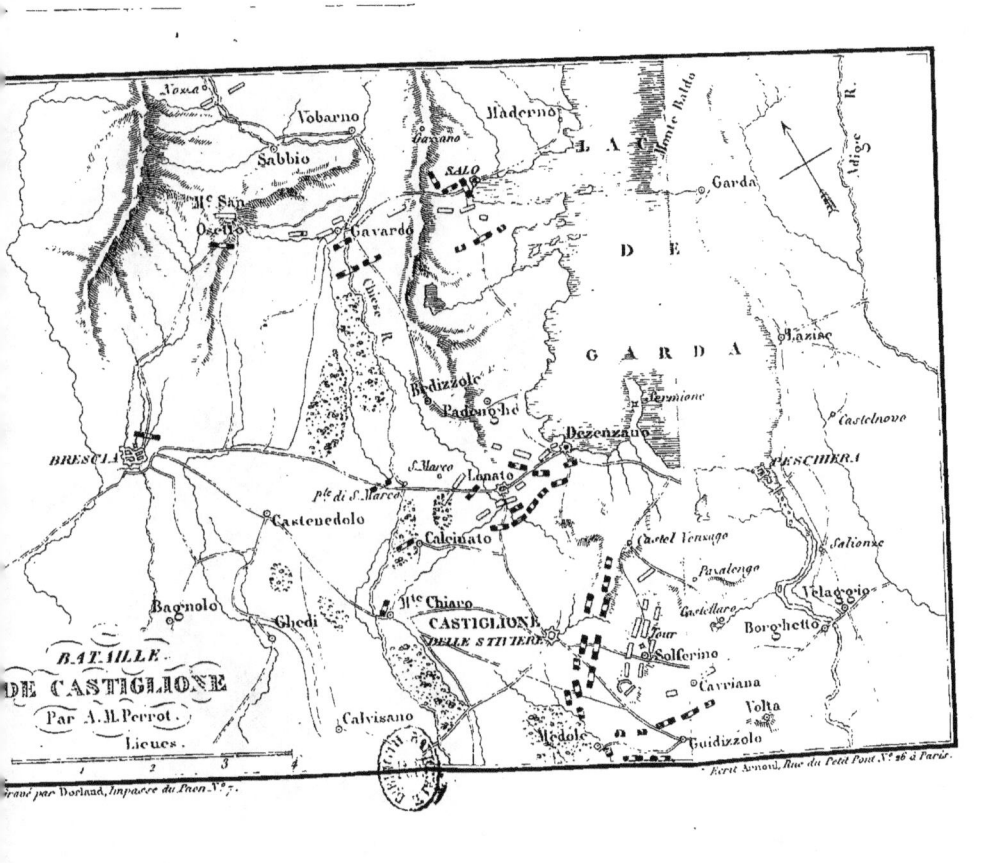

Il était à Castel-Novo lorsque, le 29 juillet, dans la matinée, il apprit qu'une division ennemie avait marché sur la Corona. Cette attaque ne lui parut être d'abord qu'un mouvement isolé, sans importance, et qui sans doute cachait les véritables projets du maréchal. Bientôt après il reçoit la nouvelle que les éclaireurs de Mézaros couvrent la rive gauche de l'Adige, à la hauteur de Vérone; il ne donne cependant encore aucun ordre : sa journée se passe à méditer; son esprit, apte à résoudre des problèmes, s'est imposé la tâche de pénétrer, de dévoiler le plan de Wurmser. Cela fait, le bras agira.

Mais la nuit vient, et les nouvelles les plus alarmantes se succèdent coup sur coup au quartier général. Joubert, Masséna, Sauret, étaient battus, écrasés, en pleine retraite; l'ennemi marchait sur Brescia, qui lui ouvrait la route de Milan. L'agitation s'empare de l'ame du vainqueur de Beaulieu : doit-il fuir à son tour? doit-il, avec ses soldats, abandonnant ses conquêtes récentes, regagner les bords du Pô et s'y retrancher? La fuite emporte elle-même de grands dangers avec elle. Qu'espérer désormais de soldats découragés? Cependant le danger redouble si, pour se retirer, on attend une défaite; car peut-on compter sur le Piémont, sur les états de Parme, sur ces peuples dont la force seule a fait des alliés? Non! mais une pensée de génie vient de ranimer toutes ses espérances : la sûreté de l'armée exige un grand sacrifice, il le fera; il connaît le plan de Wurmser, il va le déjouer.

Des estafettes partent à l'instant dans toutes les directions. Un conseil de généraux est assemblé; Bonaparte lui fait part de sa résolution, qu'Augereau seul ose approuver. Sans chercher plus long-temps à convaincre les opposans, le général en chef donne à Serrurier l'ordre d'abandonner sur-le-champ le siége de Mantoue, de brûler ses affûts, d'enclouer ses canons, de tout détruire enfin, excepté ce qu'il pourrait emporter des magasins sans gêner sa marche. Augereau reçoit le même ordre pour Legnago, avec l'injonction de briser les ponts et de rabattre sur Roverbella. Bonaparte a besoin de toutes ses forces : il a résolu de changer la retraite en attaque, les mesures de prudence en mesures d'audace. Il dispose tout pour amener cette mutation, si délicate et si difficile, de la défensive en offensive. Non qu'il veuille aller se briser follement contre la masse réunie des soldats de Wurmser; ils sont deux fois plus nombreux que les siens; mais l'armée autrichienne est divisée en trois corps, et si le général républicain peut les heurter isolément et les combattre l'un après l'autre, c'est lui qui reprend l'avantage du nombre.

§ II.

La colonne de Quasdanowich était séparée de la colonne principale, que commandait Wurmser, par une barrière insurmontable, le lac de la Garda : faute capitale dans le plan, d'ailleurs bien conçu, du feld-maréchal. Habile à saisir l'endroit vulnérable, Bonaparte résolut de se porter aussitôt contre la division de Quasdanowich, qui, maîtresse de Brescia, compromettait plus que les autres le salut de l'armée française.

Tandis que Masséna redoublait d'efforts pour contenir quelque temps Wurmser, Dallemagne se porta à marches forcées sur Lonato; Augereau poussa jusqu'à Borghetto et Valeggio, coupant la route de Vérone à Milan. L'armée, par un mouvement concentrique, se resserrait sur la ligne du Mincio. Dans la nuit du 30 au 31 juillet, Sauret, renforcé par des troupes du blocus, reçoit l'ordre de reconquérir Salo et de délivrer Guyeux et Bérard. Au lever de l'aurore, il paraît devant les portes de la ville. Trois fois repoussé par la mitraille qui balaie la rue principale, il est contraint de se replier. Le chef de brigade Dessaix harangue sa troupe, la ranime, fait battre la charge, et, quoique blessé, se mettant à la tête des siens, s'ouvre bientôt une route jusqu'au milieu de Salo. De nouveau blessé à l'épaule, il ne cesse de combattre qu'après avoir vu les Autrichiens fuir en désordre. Sauret s'était dirigé vers la forteresse que défendait Guyeux : il le débloqua ainsi que le brave Bérard et ses quatre cents héros.

§ III.

Pendant la marche de Sauret, Bonaparte, à la tête de la brigade Dallemagne, attendait au passage la division du général autrichien Ocskay, qui, après avoir occupé Brescia, rabattait vers le Mincio, espérant y opérer sa jonction avec Wurmser. Ocskay parut, attaqua sans hésiter les troupes républicaines, dont il n'apercevait qu'une partie. Il se crut vainqueur un instant ; mais lorsqu'il se fut assez engagé, une forte réserve, masquée par un côteau qui s'élève à la droite de Lonato, l'arrêta tout court par une décharge presque à bout portant et le culbuta dans la plaine. *La brave 32ᵉ demi-brigade était là.* (1)

---

(1) Bonaparte, en rendant compte au Directoire de ce combat de Lonato, lui dit : « *J'étais tranquille : la brave*

Une colonne détachée de la division d'Ocskay tentait pendant ce temps de tourner Lonato, pour placer les Français entre deux feux; elle fut attaquée dans la ville, poursuivie de rue en rue et presque entièrement détruite. Des soldats autrichiens imitèrent alors l'héroïque dévouement des compagnons de Bérard : ne trouvant plus d'issue pour sortir de Lonato, un bataillon se jeta dans une maison où il résista quelque temps aux efforts et aux

---

32e *demi-brigade était là.* » Effectivement ce corps, qui avait combattu à Montenotte, dont le 2e bataillon était avec Rampon dans la fameuse redoute de Montelegino, qui avait figuré sur les champs de bataille de Dego, de Lodi, méritait bien cette confiance du chef, confiance dont il se rendit encore plus digne par la suite. Nous avons puisé une partie des faits nouveaux que nous avançons ici dans le *rapport historique* de cette demi-brigade, et il n'y a que justice rendue dans cette phrase remarquable qui se trouve au commencement de ce rapport.

« Si un jour les Français qui ont servi sous Bo-
« naparte disent avec un juste sentiment d'orgueil :
« *J'étais de l'armée d'Italie !* peut-être y aura-t-il aussi
« quelqu'honneur de pouvoir ajouter : *J'étais de la*
« *trente-deuxième !* »

sommations des Républicains. Mais le destin lui fut moins favorable qu'aux défenseurs du château de Martininque ; la maison qui lui servait d'asile fut enfin enlevée de vive force, et les vainqueurs, au milieu de la fureur enivrante du combat, ne pouvant le contraindre à se rendre prisonnier, le massacrèrent impitoyablement.

Les débris d'Ocskay avaient bientôt rejoint la colonne principale de Quasdanowich, qui, ne pouvant se croire attaqué par la majeure partie de l'armée de l'Adige, s'était reporté sur Salo et en avait de nouveau chassé Sauret.

Les troupes impériales s'avançaient de Brescia jusqu'à Ponte-San-Marco, sur la rivière de la Chiese. Augereau marche contre elles, les bat, les pousse devant lui, arrive au secours de Sauret, et force Quasdanowich d'abandonner à la hâte les positions qu'il occupait à Monte-Chiaro et de se replier sur Gavardo, pour conserver au moins sa communication avec Wurmser, par le haut du lac.

Une affaire d'une grande importance

eût encore lieu sur la rive de la Garda, à Descnzano, où les Autrichiens éprouvèrent des pertes immenses (1). Enfin, le 2 août, après tant de combats opiniâtres et sanglans, les Français, maîtres de Lonato, de Descnzano, de Brescia, de Monte-Chiaro, ont presque atteint le but indiqué par leur général en chef, et déjà une aile de l'armée autrichienne touche à son entière destruction avant que le bruit en soit parvenu aux oreilles du maréchal.

§ IV.

Dès la fin de la journée du 30 juillet, Masséna, ne laissant que son arrière-garde pour disputer le passage du Mincio à Wurmser, se dirigeait sur Brescia, pour seconder les efforts de Bonaparte.

Ne trouvant plus devant lui qu'une fai-

---

(1) Le seul régiment de Klébeck y perdit plus de mille hommes, de l'aveu même du colonel Graham. (*Hist. des camp. d'Allem., d'Ital., etc.*, t. 1er, p. 252.)

ble division, commandée par Pigeon, le feld-maréchal avait enfin franchi le fleuve. Tandis que deux de ses colonnes se portaient vers Borghetto pour prendre les Républicains à dos ou pour communiquer avec Quasdanowich, et qu'une autre avait été laissée sur les hauteurs de Peschiera, pour contenir cette place, lui-même, à la tête de deux fortes divisions, se portait sur Mantoue.

Il croyait y trouver un ennemi à combattre, il ne vit venir au devant de lui que des députations de la ville et de la garnison, qui, avec des cris de joie, lui annoncèrent le départ précipité des Français. Les pièces enclouées et renversées, les débris de toute espèce qui couvraient le sol, durent sembler à Wurmser les marques certaines de l'effroi subit que son approche seule avait inspiré aux Républicains. Persuadé que les forces de Quasdanowich suffiraient pour achever la défaite d'un ennemi à moitié vaincu, il s'occupa de faire entrer dans Mantoue l'immense matériel abandonné par les

Français (1). Il jouissait doucement de son triomphe, lorsque la nouvelle des revers éprouvés par Quasdanowich lui parvint de tous les côtés et le rendit à son énergie habituelle.

§ V.

A la tête des divisions d'Augereau et de Masséna, le général en chef des Républicains, après avoir poursuivi les troupes d'Ocskay et de Quasdanowich, s'était tout à coup retourné du côté du Mincio, par une contremarche rapide. Grâce à ce mouvement, l'arrière-garde de Masséna, restée sur les bords du fleuve pour en disputer le passage à Wurmser, et l'arrière-

---

(1) La garnison de Mantoue marcha alors sur Borgo-Forte pour y poursuivre Serrurier; elle n'y trouva que ce parc d'artillerie rassemblé à si grands frais : des bâtimens chargés de munitions, deux magasins à poudre, quatre-vingt-dix mille boulets et quarante mille quintaux de plomb. Serrurier, après avoir brisé les ponts, s'était retiré sur Marcaria, pour couvrir les routes de Crémone et de Plaisance.

garde d'Augereau, rassemblée sous Castiglione, devenaient les avant-gardes de l'armée.

Le même jour, 2 août (15 thermidor), Wurmser, pénétré de la nécessité urgente de voler au secours de son aile droite, fit ordonner aux deux divisions qui avaient franchi le Mincio à Borghetto de se porter aussitôt en avant. Lui-même marcha rapidement sur Goïto.

Augereau tenait la droite de l'armée française, à Monte-Chiaro; Masséna le centre, à Ponte-San-Marco; Sauret la gauche, entre Desenzano et Salo, faisant face en arrière pour observer les mouvemens de Quasdanowich, encore maître de cette dernière ville.

Sous le commandement du général Valette, les avant-postes républicains, composés de dix-huit cents hommes de la division d'Augereau, étaient, comme nous l'avons dit, à Castiglione. A la vue des premiers coureurs autrichiens, Valette, saisi d'une terreur panique, abandonne ses positions et, suivi de quelques hommes auxquels il avait le premier donné l'exemple de la pusillanimité, il court à Monte-Chiaro, encore saisi d'épouvante, déclarant que, surpris par toutes les forces réunies de Wurmser, la résistance lui a été impossible, et que ses soldats, accablés par le nombre, ont mis bas les armes.

Ceux-ci lui donnaient, au même instant, un glorieux démenti. La désertion de leur chef n'avait pas suffi pour abattre leur courage et faire taire chez eux le sentiment du devoir. Ils osèrent tenir tête à l'ennemi, et, sans se laisser entamer, opérèrent leur retraite sur San-Marco, où ils se réunirent à Masséna. Le général Pigeon, qui se trouvait aussi d'avant-garde, gagna en bon ordre Lonato et y prit position.

§ VI.

Arrivé à Monte-Chiaro vers le milieu du jour, le général en chef fait venir Valette devant lui, l'accable de reproches et le destitue de son grade devant les troupes qui semblent elles-mêmes partager la honte d'un combattant de l'armée d'Italie.

Mais cet événement a jeté dans l'ame de Bonaparte des doutes pénibles sur les dispositions de ses soldats. Inquiété sur ses derrières par Quasdanowich, qui peut encore rallier ses forces, prêt à se mesurer de front avec les vieilles et nombreuses phalanges de Wurmser, déjà troublé par un bruit sourd de révolte que l'annonce de ses premiers revers a réveillé dans quelques cités précédemment conquises, il sent tout ce qu'il faut d'énergie et de dévouement à ses soldats pour le suivre dans la lice périlleuse où il les entraîne.

Si les troupes, après tant de combats dont elles ne peuvent encore deviner l'importance, après tant de fatigues dont elles ne peuvent prévoir la fin, sont saisies par le découragement et sentent s'affaiblir la confiance qu'elles avaient en lui, rien dans son plan n'est plus exécutable, car il a tout calculé, tout mesuré d'après l'exaltation belliqueuse qui, quelques jours avant, régnait encore dans son armée. Pour que cette armée puisse accomplir les desseins audacieux de son chef, ce que l'on nomme courage et persévérance dans les temps ordinaires ne suffit plus. Il lui faut de l'aveuglement et de la témérité.

Afin de s'assurer des dispositions de ce qui l'environne, Bonaparte assemble autour de lui quelques généraux et leur fait part d'un prétendu projet de retraite. Il craint de trop risquer dans les combats qui s'annoncent et de compromettre l'existence de l'armée entière. Peut-être la prudence conseille-t-elle de reprendre définitivement la ligne du Pô et de s'y borner à la défensive, jusqu'à l'arrivée des renforts qu'il attend des armées de la Vendée et de l'Océan.

Étonné, effrayé d'une semblable confidence, pour la seconde fois Augereau repousse toute idée de retraite. Par les discours les plus véhémens, il cherche à faire revenir Bonaparte d'un semblable projet. Il lui répond de ses troupes, il lui répond du reste de l'armée et jure la victoire.

Déjà la nouvelle de la retraite se répand parmi les troupes composant la division, et descend, de grade en grade, des généraux aux soldats. Les officiers accourent auprès de Bonaparte : « Général, lui disent-ils, vous méfiez-vous de nous et de vous-même? — Savez-vous, mes amis, que vous avez devant vous vingt-cinq mille hommes des vieilles bandes autrichiennes, commandés par Wurmser? — Nous les compterons plus tard; venez au milieu de nous, s'écrient-ils tous à la fois, venez juger par vous-même de l'esprit qui anime nos braves frères d'armes. Ils n'ont démérité ni de vous ni de la patrie. »

Ranimé par ces nobles protestations, le général en chef se rend au camp, où les soldats, d'après les ordres d'Augereau, sont déjà rangés en bataille pour être passés en revue. A peine Bonaparte paraît devant eux, que l'étincelle électrique s'est communiquée de rang en rang, aussi rapide que la pensée. Nul ne peut garder cette froide attitude que la discipline exige du soldat dans de semblables occasions. Un vif mouvement d'agitation ébranle toutes ces masses. Mais Bonaparte n'est point venu pour inspecter leurs uniformes et leurs armes ; c'est sur leur physionomie expressive qu'il veut lire l'état de l'armée et les chances de l'avenir. Il y voit les marques du désespoir et de l'indignation ; il y recueille avidement toutes les garanties du succès. Ce sont ces hommes enivrés dont il a besoin pour mettre à fin des plans dictés autant par l'audace que par le génie, ce sont ces instrumens terribles que Dieu devait un jour confier à ses mains puissantes, pour briser et reconstruire des trônes.

En un instant, l'orage s'annonce, le tumulte redouble, mille cris éclatent à la fois sur toute la ligne, une foule de soldats s'élancent hors des rangs à demi-rompus et apostrophent hautement le général en chef avec tous les signes extérieurs d'une profonde émotion. Un nouveau spectateur tout à coup transporté au milieu de cette scène turbulente eût cru que, comme devant Dego, c'était la rebellion en armes qui s'agitait autour du général. Mais cette fois ce n'était pas du pain qu'ils lui demandaient : ils lui demandaient des combats et de la gloire. *En avant! Pas de retraite! Vive la République!* voilà les acclamations qui se faisaient entendre de tous côtés.

L'esprit de Bonaparte avait repris toute sa sécurité; ses doutes avaient cessé; il partageait alors toute la confiance de ses soldats. Il fit un signe de la main, réclama le silence et ne leur dit que ces mots : « Demain vous verrez la face de l'ennemi. »

§ VII.

Et le lendemain, 3 août, tout s'ébranle à la fois. Le général Guyeux, détaché de la division de Sauret, reçoit l'ordre de remonter vers Salo pour contenir Quasdanowich. Augereau marche sur Castiglione; Masséna sur Lonato. Bonaparte, en personne, se dirige vers cette dernière ville, à travers laquelle Ocskay tentait de se frayer un passage pour opérer sa jonction avec les divisions de Bayalitsch et de Liptay.

A une heure de Lonato, le général en chef rencontre la 32ᵉ demi-brigade, qui se portait au secours de Pigeon, déjà attaqué par Ocskay. Au même instant, il voit s'avancer de la ville des canonniers républicains sans leurs pièces, des chevaux d'artillerie dont les traits sont coupés. Il apprend que Pigeon a été battu et fait prisonnier; se tournant alors vers la 32º : « Grenadiers! leur dit-il, soutenez votre gloire. » Et la colonne marche à l'ennemi, la musique en tête et au pas de charge. Soutenue par un régiment de dragons, elle rallie les soldats du général Pigeon. Fier d'un premier succès, Ocskay s'étend pour déborder les Français et leur fermer la retraite ; mais Masséna vient d'arriver, et tandis qu'il contient les impériaux aux extrémités de leurs ailes, Bonaparte se précipite sur leur centre, l'enfonce, le disperse, reprend Lonato et délivre Pigeon.

Rejetés vers le lac de la Garda et vers Desenzano, les Autrichiens y furent vivement poursuivis. Le premier aide de camp du général en chef, Junot, à la tête des guides, chargea de front les Hulans, blessa leur colonel, tua six hommes de sa main; mais enfin, frappé lui-même de cinq coups de sabre, abattu dans un fossé, il allait succomber, lorsque les siens vinrent le dégager.

Le prince de Reuss, qui avait échappé à Guyeux, arriva à temps pour protéger la retraite des soldats d'Ocskay, au moment où ils se voyaient forcés de mettre bas les armes. Ils se retirèrent vers Salo, que déjà Guyeux avait reconquis sur Quasdanowich. De nouveau placés entre deux feux, les Impériaux éprouvèrent des pertes énormes.

Pour la seconde fois, Lonato, Desenzano et Salo venaient de donner leur nom à des victoires remportées par les Républicains. Ce même jour devait encore éclairer une quatrième action, bien que tous ces combats ne fussent que les conséquences d'une même opération.

§ VIII.

Augereau avait juré de vaincre; ses soldats, par leurs excitations, avaient, pour ainsi dire, accepté la responsabilité des événemens. Tandis que Bonaparte luttait contre Ocskay, ils marchèrent sur Castiglione, repoussèrent les avant-gardes de Liptay, enlevèrent de fortes positions qu'il occupait autour du village, et, toujours battans, attaquèrent un pont où l'ennemi s'était retranché et opposait la plus valeureuse résistance aux efforts des Français. Wurmser, qui n'avait pu prendre part à toutes ces actions, venait de faire parvenir du secours à Liptay et allait arriver lui-même avec toutes ses forces. Cette nouvelle redoublait le courage des Impériaux, et un combat acharné s'engagea sur toute la ligne. Mais enfin, le pont ayant été emporté par les soldats d'Augereau, dans la crainte d'être tourné, Liptay ordonna la retraite, et c'est en fuyant devant les phalanges républicaines, qu'il courut à Gurdizzolo au devant du feld-maréchal.

CHAPITRE IV.

Surprise de Lonato. — Bataille de Castiglione.

---

§ Ier.

L'armée avait tenu ses promesses. Mais Quasdanowich était encore à Gavardo; Wurmser s'avançait après avoir renforcé ses troupes des divisions de Wuckassowich et de Roccavina, tirées de Mantoue. Néanmoins ses soldats se trouvaient tellement harassés par des marches longues et pénibles, entreprises à travers des routes montueuses et sous un soleil ardent, qu'il avait résolu de leur accorder trois jours pour se remettre de leurs fatigues et donner aux traîneurs le temps de rejoindre. Son plan d'attaque fut donc combiné de façon à pouvoir agir vers le 7. Wurmser espérait, dans l'intervalle, correspondre avec son aile droite, et disposa tout afin que l'armée française se trouvât écrasée entre un double choc. Mais c'était plus de temps qu'il n'en fallait à Bonaparte pour se débarrasser tout-à-fait de Quasdanowich.

Dès le 4, il le fit attaquer à Gavardo par Guyeux, Saint-Hilaire et Dallemagne, tandis que Despinois, avec quelques bataillons rassemblés à la hâte en Lombardie, le tournait sur sa droite par les montagnes de la Chiese. Le mouvement réussit complétement et Quasdanowich, voyant ses espérances détruites, ses ressources épuisées, ses troupes en désordre, renonça au projet de rejoindre Wurmser et battit en retraite sur Riva, par les vallées de la Sabbia.

§ II.

Cependant Bonaparte, plus prompt dans ses préparatifs que le général autrichien, concentrait toutes ses pensées sur la journée qui allait suivre. Il venait d'envoyer à la division de Serrurier, alors campée à Marcaria, sur l'Oglio, l'ordre de tromper la garnison de Mantoue, qui l'observait, de marcher toute la nuit et de se jeter au jour naissant sur la réserve et l'arrière-garde de Wurmser.

Après que ses autres généraux eurent à leur tour reçu leurs instructions, il visitait les postes de son armée pour ne point laisser se refroidir l'ardeur du soldat, lorsqu'un accident bizarre faillit un instant renverser toutes ses espérances.

Une partie des troupes d'Ocskay, coupée la veille par les Républicains, du côté de Desenzano, s'était dispersée dans les montagnes, sans savoir quelle route tenir. Après avoir erré toute la nuit vers Padenghe et Polpenazze, évitant incessamment les soldats de la France, qui semblaient se multiplier devant eux et qu'ils avaient retrouvés partout, quelques bataillons isolés tentèrent de rejoindre Quasdanowich et furent surpris par Guyeux et par Saint-Hilaire. Les autres se rencontrèrent, se réunirent au nombre de plus de trois mille hommes. Ils résolurent d'abord d'essayer de nouveau de se frayer un passage à travers la faible division de Guyeux ou de Despinois; mais informés alors par des habitans du pays que les Français n'avaient laissé que très peu de monde à Lonato, ils se dirigèrent sur-le-champ de ce côté, déterminés à s'ouvrir une route jusqu'à Wurmser.

Bonaparte était à Malocco, entre Castiglione et Lonato, lorsqu'il apprit qu'une colonne ennemie, se dirigeant sur cette dernière ville, couvrait déjà la route de Brescia, du côté de San-Marco. Comme il se portait vers l'endroit menacé, à cinq heures du soir, un parlementaire autrichien se présenta devant Lonato, sommant la garnison de se rendre. Il ne fallut au général français qu'un éclair de réflexion pour lui révéler la position de ce corps perdu. L'ordre est aussitôt donné à son état-major de monter à cheval; le peu de troupes dont il peut disposer couronnent ostensiblement les hauteurs ou se pressent autour du général, qui se fait amener le parlementaire auquel on débande les yeux.

Celui-ci, quoique fort surpris de voir un aussi grand nombre d'officiers dans Lonato, allait cependant réitérer sa sommation, lorsque le chef de l'armée d'Italie l'interrompt tout à coup d'un ton sévère : « Allez dire à votre général que je lui donne « huit minutes pour poser les armes. Passé « ce temps, aussi vrai que je me nomme « Bonaparte, il sera traité avec toute la « rigueur que mérite son insolence. »

A ce nom de BONAPARTE, l'officier autrichien resta stupéfait, et, persuadé que la présence du général en chef annonçait la présence de l'armée républicaine dans Lonato, il courut vers son commandant lui redire ce qu'il venait de voir et d'entendre, ne manquant pas sans doute, dans le trouble dont il était saisi, d'exagérer la valeur des forces qui avaient frappé ses regards.

Le chef de la colonne autrichienne hésita encore quelque temps; mais apercevant les guides et les carabiniers qui, longeant les hauteurs, semblaient faire un mouvement pour l'envelopper, il se rendit à discrétion et subit la loi qu'il voulait imposer lui-même un instant auparavant.

On a reproché à Bonaparte d'avoir, dans cette circonstance si singulière, compromis par défaut de précaution sa personne, alors si nécessaire à son armée. Sans doute ce jour-là, à Lonato, les destins de l'Italie, ceux mêmes de l'Europe, n'ont tenu qu'à la présence d'esprit du général français et au peu de résolution du chef autrichien. Il faut considérer cependant que la multiplicité des mouvemens des deux armées (mouvemens qu'il est presque impossible de concevoir clairement sans le secours de la carte) et la position aventureuse des troupes républicaines, jetées confusément au milieu des divisions autrichiennes, en rendant les mesures de prévoyance plus nécessaires, les rendaient aussi plus difficiles. Les terrains montagneux favorisent la fréquence des surprises de guerre; témoin Quasdanowich qui, ce jour même, faillit d'être enlevé dans son camp de Gavardo par Saint-Hilaire ; témoin encore Wurmser qui allait bientôt courir le même danger.

Il faut ajouter qu'étant au lendemain d'un combat si fatal aux Autrichiens, étant à la veille d'une bataille qu'ils semblaient vouloir reculer encore, on ne pouvait appréhender une attaque de leur part, surtout de celle de Quasdanowich, qu'on savait en pleine retraite.

Cet événement fut le fruit d'un hasard impossible à prévoir ; ce hasard était favorable aux Autrichiens, et les soudaines illuminations du génie le déjouèrent seules, quoi qu'en dise un historien qui n'attribue les succès des Républicains dans la campagne contre Wurmser qu'aux caprices de la bonne fortune. De tels soldats, guidés par un tel général, ne peuvent-ils donc rien sur les événemens ? (1)

---

(1) M. Ch. Botta, trop souvent d'une partialité rigoureuse envers Bonaparte, semble vouloir détruire, avec les argumens que lui a fournis le colonel Graham, l'authenticité de l'épisode de Lonato, raconté par Napoléon

§ III.

Vingt combats, livrés en quatre jours, n'avaient encore fait qu'égaliser les chan-

---

lui-même dans ses Mémoires, et qui se trouve consigné dans des relations allemandes et anglaises. Bien que notre conviction soit appuyée sur des faits incontestables, nous citerons encore à l'appui deux courts fragmens, tirés du récit d'acteurs qui figurèrent dans cette scène singulière, et qui ont écrit sur les lieux mêmes, en face des événemens. On peut ajouter foi à ces lignes qui n'étaient pas destinées à voir le jour :

« Le lendemain, les Français occupaient la même
« position, sur les hauteurs de Lonato, lorsqu'une co-
« lonne autrichienne, forte de quatre mille hommes,
« vint les sommer de se rendre. Le général en chef,
« Bonaparte, qui arrivait en ce moment, répondit
« si fièrement au parlementaire autrichien; il arran-
« gua ses troupes avec tant d'ardeur, que le parlemen-
« taire fut intimidé. Les carabiniers furent les premiers
« à demander la charge, et ils chantaient des hymnes
« patriotiques en allant provoquer un ennemi si supé-
« rieur en nombre. La colonne autrichienne mit bas les
« armes, et nos carabiniers furent désignés pour la con-
« duire à Milan. »

(*Rapport de la 11ᵉ demi-brigade d'infanterie légère.*)

« Lorsque deux bataillons de notre demi-brigade bat-
« taient l'ennemi à Salo, l'autre bataillon assistait à la
« capitulation d'une colonne ennemie, qui mit bas les

ces entre les deux armées. La grande séparation des corps autrichiens était opérée; mais Wurmser restait à vaincre, et le sort de l'Italie allait dépendre d'une bataille rangée.

Bonaparte employa la journée du 4 et la nuit entière qui la suivit à concentrer ses forces autour de Castiglione. Au point du jour, l'armée républicaine se développait sur une lieue et demie de terrain, en avant de la ville. Masséna, avec sa division, dont une partie était déployée et l'autre en colonnes, occupait la gauche; Augereau, sur deux lignes, tenait le centre, et le général Kilmaine, avec une forte réserve disposée en échelons, figurait momentanément l'aile droite, que devait bientôt former la division du général Serrurier.

« armes entre Lonato et Ponte-San-Marco, sur la sommation que lui en fit le général en chef. »
(*Historique de la* 33e *demi-brigade,* 1re *division.*)

M. A. Thiers, dans son excellente *Histoire de la Révolution française*, déclare avoir reçu l'attestation de l'authenticité de ce fait de l'ordonnateur en chef de l'armée, M. Aubernon, qui avait passé en revue les prisonniers.

Les Autrichiens se présentaient sur une double ligne, qui courait de droite à gauche du village de Solferino au mamelon fortifié de Medolano. Ils comptaient vingt-cinq mille hommes; les Français vingt mille; mais l'arrivée de la division de Serrurier allait égaliser le nombre.

Serrurier était malade. Fiorella, chargé du commandement de ses troupes, suivant l'instruction du général en chef, était parti de Marcaria au commencement de la nuit, et, longeant l'Oglio, qu'il traversa près de San-Martino, après une marche de six lieues, il arriva le matin en vue de Gurdizzolo, coupant ainsi d'avance à l'ennemi la route de Brescia à Mantoue.

Assuré de son approche, Bonaparte, qui en attendait un grand effet, voulut recevoir de cette division le signal de la bataille. Pour attirer l'attention de Wurmser d'un autre côté et donner à Fiorella le temps d'entrer en ligne, il commanda une attaque simulée sur son centre et sur sa gauche. Quoique harcelés par les tirailleurs de Masséna et d'Augereau, les Autrichiens paraissaient peu disposés à entamer l'action ; néanmoins, voyant s'ébranler l'avant-garde, ils marchèrent à sa rencontre et la repoussèrent facilement. Wurmser, à l'aspect des Français qui reculaient, tenta un mouvement sur Lonato, pour se rapprocher de Quasdanowich, dont il ignorait les dernières défaites. Ce mouvement, qui engageait la droite de l'ennemi, Bonaparte l'avait prévu. Il en profita pour porter tous ses efforts sur l'aile opposée. Son aide de camp Marmont, officier d'artillerie dont il avait éprouvé déjà la valeur et l'habileté, descend dans la plaine de Médole, et, soutenu par la cavalerie du général Beaumont, foudroie à la fois l'extrême gauche des Autrichiens et le mont de Médolano, avec douze pièces de canon qu'il vient de faire mettre en batterie. Protégé par ce feu, l'adjudant général Verdier s'élance vers la redoute, à la tête de quelques bataillons de grenadiers, et tente, à plusieurs reprises, de l'emporter malgré la résistance désespérée des Autrichiens.

§ IV.

Tandis qu'on s'y battait, la division Serrurier, excitée par le bruit du canon, s'avançait, en forçant de marche, de Gurdizzolo sur San-Canziano, où se trouvait le quartier général de Wurmser. Le maréchal avait si peu prévu l'effet des savantes combinaisons de son rival, que le péril vint pour lui du côté où il l'attendait le moins.

Un corps de cavalerie légère, qui formait l'avant-garde de Fiorella, pénètre soudain dans San-Canziano. Wurmser, attaqué sur ses derrières, se voit entouré par des hussards français au moment où, fier de l'avantage qu'il croyait avoir remporté sur l'aile gauche et sur le centre de l'armée républicaine, il ne songeait qu'à se porter en avant. Fort heureusement pour lui un régiment de dragons autrichiens accourt à son aide. Wurmser monte à cheval pour rallier d'autres forces et châtier ces insolens agresseurs, qu'il suppose encore n'avoir été jetés de ce côté que par une manœuvre forcée. Tout à coup une nombreuse infanterie se développe sous ses yeux dans les plaines de Gurdizzolo, en arborant le drapeau aux trois couleurs. Il lui faut à l'instant même arrêter la marche de ses colonnes et renverser l'ordre de ses dispositions. Sa première ligne s'arrête ; la seconde fait volte-face. Fiorella, encore sans communication directe avec Bonaparte, craint un moment d'avoir à lutter seul contre une moitié de l'armée impériale. Mais Verdier vient d'enlever la redoute de Medolano ; l'extrême gauche des Autrichiens, privée de son point d'appui principal, commence à fléchir ; Marmont et le général Beaumont, à la tête de la cavalerie, la chargent avec fureur, la rompent. Fiorella, qui voit se rabattre vers lui une colonne ennemie en désordre, pressent le secours qui lui arrive ; il se porte à son tour contre elle, et bientôt les soldats de Marmont et ceux de Fiorella, en poussant des cris de joie, opèrent leur jonction au milieu des rangs culbutés et confondus des Autrichiens.

La division Serrurier forme alors l'aile gauche de l'armée républicaine, qui, déployée en demi-cercle autour de celle des Impériaux, menace de la rejeter sous le canon de la forteresse de Peschiera, où le lac de la Garda et le Mincio viendront encore lui opposer leurs barrières.

§ V.

De la hauteur sur laquelle s'appuyait son centre, promenant son coup d'œil d'aigle sur les mouvemens de Wurmser et de Fiorella, Bonaparte épiait l'instant d'agir. Il le voit! Augereau et Masséna se précipitent sur l'ennemi, déjà décontenancé du changement d'attitude qu'il devait prendre. Dans cette attaque impétueuse, il semble que les soldats venus des Pyrénées, les compagnons de Dugommier et de Pérignon, ont résolu d'établir une lutte entre eux et les anciens combattans des Alpes. Augereau, toujours à la tête des premiers, s'y surpassa par des actes inouïs de valeur et de sang-froid.

Ce nom de Castiglione, qu'il avait déjà illustré la veille et qu'il devait porter un jour, il l'achetait alors. Bonaparte ne l'oublia pas. Masséna, dans cette grande journée, se montra digne de lui-même, toujours Masséna, dans les succès comme dans les revers, à la Corona comme à Loano, toujours le bras droit, le porte-glaive de l'armée d'Italie.

Une partie du centre des Impériaux était enfoncée, leurs ailes étaient rompues, et Wurmser, déjà terrassé par la certitude de sa défaite, n'avait plus la force de donner les ordres nécessaires pour rallier ses troupes ou pour opérer sa retraite. En vain tous les officiers qui l'entouraient le pressaient avec instance de prendre cette dernière mesure, qui seule pouvait sauver son armée d'une ruine totale, le malheureux vieillard, muet, immobile, comme anéanti sous le coup qui le frappait, ne paraissait plus ressentir que les influences de son grand âge; et un découragement complet, une obstination fatale, l'enchaînant à la place qu'il occupait, semblaient avoir éteint son génie et son activité.

Cependant le péril s'accroissait autour de lui. La tour et les hauteurs de Solférino, qui protégeaient la droite des Impériaux, venaient d'être enlevées. Heurtées par Masséna et par Augereau, foudroyées par Marmont, prises à revers par Fiorella, des colonnes entières se tournaient en désordre vers les chemins de Castellare et de Pozzolongo. Wurmser se décida enfin : il ordonna la retraite, et ce ne fut qu'après des pertes immenses qu'il parvint à se réfugier derrière le Mincio, dont il fit détruire les ponts.

§ VI.

Français et Autrichiens, vainqueurs et vaincus, tous étaient tellement harassés par les marches et les contre-marches, par le manque d'eau et de nourriture, par les combats multipliés qu'ils avaient livrés ou soutenus, par l'influence d'un ciel dévorant, qu'il fallut aux uns rassembler toutes leurs forces pour fuir, aux autres pour se traîner à leur poursuite.

Les chemins étaient encombrés de soldats allemands qui, ne pouvant plus avancer, jetaient leurs armes et poussaient des cris terribles à l'approche des Français. Beaucoup qu'avaient épargnés le plomb et le fer des Républicains furent ramassés sur les routes, succombant à la fatigue. Les chevaux mêmes, ployant sous le poids de leurs cavaliers, tombaient sans blessures.

Encore à la tête d'une armée puissante par le nombre, mais disséminée et découragée, Wurmser ne songea plus qu'à regagner le Tyrol.

En cinq jours de temps, les Français venaient de reconquérir l'Italie.

§ VII.

La victoire de Castiglione couronna cette courte et miraculeuse campagne, où tous les combats, livrés par les Républicains ne furent que de savantes manœuvres, fruits d'un nouveau système de guerre qui devait livrer l'Europe au génie de Bonaparte. Les Autrichiens perdirent, durant ces cinq jours, des magasins immenses de munitions, leurs caissons d'infanterie, soixante-dix pièces de canon, et vingt-cinq mille hommes prisonniers ou restés sur le champ de bataille.

« Tout ce qui se fit alors autour de Mantoue, écrivait, il y a vingt ans, un historien (1), ne nous paraît que grand et paraîtra gigantesque à la postérité. »

La postérité est arrivée pour l'armée d'Italie.

---

(1) Toulongeon, *Histoire de France*.

CHAPITRE V.

Suites de la bataille de Castiglione. — Nouveau blocus de Mantoue. — Masséna bat les Autrichiens à la Corona et au Monte-Baldo. — Sauret à la Rocca-d'Anfo et à Torbole. — Conduite des différens Etats de l'Italie pendant les revers essuyés par les Républicains. — Nouveaux excès des Barbets. — Bonaparte, attaqué par les journaux de Paris, est défendu par le général Hoche.

§ Ier.

Après une nuit consacrée au repos, l'armée française n'avait songé qu'à compléter les avantages résultant de la bataille de Castiglione. Wurmser se retirait sur la rive gauche du Mincio pour être toujours à même de communiquer avec Mantoue ; mais dès le 6 août, Masséna, aidé du brave général Victor et du colonel Suchet, traversait Peschiera et refoulait Liptay sur Rivoli, menaçant de couper les divisions autrichiennes qui étaient du côté de Mantoue. Le feld-maréchal vit le danger, et, satisfait du moins d'avoir réalisé une de ses espérances en approvisionnant abondamment cette place et en portant sa garnison à quinze mille hommes, il regagna les vallées de l'Adige.

Augereau, après avoir canonné Valeggio, passait le Mincio le 7 à Peschiera, et se dirigeait sur Vérone ainsi que Fiorella. Bonaparte arriva bientôt lui-même devant cette ville, où s'était réfugiée une partie de l'arrière-garde ennemie qu'il venait de balayer de la plaine à la tête de la réserve et du 5ᵉ régiment de dragons. Le providiteur vénitien, dans la crainte de voir ensanglanter les murs de Vérone et de compromettre la sûreté de ses citoyens, avait, pour donner le temps aux Autrichiens de filer par les rives supérieures de l'Adige, fait fermer les portes de la ville ; mais Bonaparte, à dix heures du soir, les fit briser à coups de canon, et les Français, se précipitant dans la ville, se jetèrent sur les Impériaux. Les habitans, les uns réveillés en sursaut, les autres aux aguets dans la crainte d'un grand désastre, s'épouvantaient au bruit de l'artillerie, du fracas, des hurlemens qui remplissaient les rues et les places publiques ; mais ils n'eurent, dans cette occasion, qu'à se louer de la modération des vainqueurs (1).

La division Serrurier se porta ensuite sur Mantoue. On se contenta d'un blocus plus éloigné de la place que le premier. Le général Sahuguet fut chargé du commandement des troupes, et manœuvra avec tant de vigueur et de prudence, qu'à la fin du mois d'août les assiégés, qui d'abord pouvaient se répandre facilement dans le Séraglio et fourrager jusque sur les bords du Tartaro et de l'Oglio, se trouvèrent étroitement resserrés, après avoir été battus à Borgo-Forte et à Governolo.

---

(1) *Historique du 5ᵉ régim. de dragons.*

§ II.

Cependant Wurmser avait rétabli ses communications avec Quasdanowich, qui se maintenait toujours sur la rive occidentale du lac de la Garda. Le feld-maréchal suspendit sa marche rétrograde à la même hauteur du lac, et son avant-garde s'étendit vers la Corona et le Monte-Baldo. Les deux généraux autrichiens ne songeaient alors qu'à défendre ce double débouché du Tyrol, que peu de jours auparavant ils avaient franchi vainqueurs et bercés des plus brillantes espérances. Tous ces vains rêves de gloire n'étaient pas encore dissipés pour Wurmser, qui cherchait à suivre de l'œil le cours du Mincio, qu'il comptait encore parcourir avant peu; mais Masséna, qui venait de recevoir des renforts de Bonaparte, devait bientôt lui faire ajourner ses projets.

Le 11, il attaque les Impériaux dans ces postes retranchés vainement défendus par lui-même à la fin du mois précédent. Un succès peut seul effacer dans son ame le souvenir d'un revers. Les Autrichiens tentent de résister à son impétuosité; il les enlève, les culbute, les poursuit sur ce même terrain, sur ces mêmes rochers, dans ces mêmes vallées témoins naguère de sa défaite. Augereau, secondant son mouvement, après avoir traversé l'Adige, prend à revers les corps autrichiens qui marchent au secours de leur avant-garde, les disperse et va jusqu'auprès d'Alla planter l'étendard républicain, sous les yeux mêmes de Wurmser.

§ III.

Comme si le bruit du canon qui retentissait sur le Monte-Baldo et dans les vallées de l'Adige avait dû servir de signal à Sauret, il se porte le lendemain, avec le général Saint-Hilaire, contre le prince de Reuss qui forme l'avant-garde de Quasdanowich, et s'empare de quelques positions faiblement disputées. La Rocca-d'Anfo, vieux château adossé contre une masse de rochers dont le pied plonge dans le lac d'Idro, semblait devoir lui opposer plus de résistance. Deux carabiniers, bravant le feu des remparts, se jettent audacieusement sur chaque côté du pont-levis qui fermait le passage principal, brisent les chaînes qui le tenaient suspendu, et tandis qu'une partie des troupes françaises essaie d'enlever les retranchemens à la baïonnette, l'autre franchit au pas de charge le pont subitement abaissé, et les soldats qui viennent d'escalader les murailles ne trouvent dans le château, pour les recevoir, que leurs frères d'armes, déjà vainqueurs, et une garnison prisonnière (1).

Le prince de Reuss se retira en toute hâte du côté de Torbole, où il fut poursuivi. Battu de nouveau, il rejoignit enfin, dans le Tyrol, Quasdanowich et Wurmser.

Comme l'écrivait quelques jours auparavant Bonaparte au Directoire : *L'ar-*

---

(1) *Rapp. hist. de la 27ᵉ demi-brigade d'infanterie légère.*

mée autrichienne, qui depuis six semaines menaçait l'Italie, avait disparu comme un songe.

§ IV.

Quels sentimens agitaient les peuples de la Péninsule pendant ces longs jours d'épreuves, où la fortune républicaine semblait devoir s'arrêter au milieu de son essor ?

Mille bruits désastreux pour les Français remplissaient les bourgs et les villes d'espérance ou de terreur. Les esprits haineux et timides, qui ne conspirent qu'avec de fausses nouvelles, s'épuisaient en récits sans fin sur les revers éprouvés par les armées de la République, battues à la Corona, battues à Lonato, battues sous Peschiera, écrasées sous Mantoue. Tous les soldats de la France étaient dispersés par l'effroi, ou captifs entre les mains de Wurmser, ou tombés sous le canon autrichien, ou noyés dans les flots de l'Adige et du lac de la Garda. Le général Bonaparte lui-même avait été tué sur la route de Peschiera à Brescia. Pour donner plus de poids à toutes ces nouvelles, des émissaires soudoyés par quelques nobles et par le haut clergé, allaient colportant de maison en maison, les uns des lettres soi-disant écrites de Mantoue ou du quartier général autrichien, les autres des libelles, manuscrits ou imprimés, qui excitaient le peuple à la révolte et lui désignaient quelles victimes devaient être offertes à la vindicte publique pour assurer les succès de la nouvelle réaction.

Plusieurs villes de la Lombardie, quoique peu éloignées du théâtre de la guerre, se laissèrent abuser par ces faux rapports et cédèrent à ces provocations. La sédition éclata même avec plus de force dans Crémone et dans Casal-Maggiore, qui, voisines de Mantoue, jugèrent à faux les événemens dont elles furent témoins, et crurent facilement les Français perdus sans ressource. Dans la première de ces deux villes, des rixes sanglantes eurent lieu entre les partisans de la République et ceux de l'empire; dans la seconde, des soldats français, qui s'y trouvaient en garnison, furent égorgés par des fanatiques furieux. Le reste de la Lombardie montra d'assez bonnes dispositions envers la France. Si un faible mouvement sembla encore se manifester à Pavie, il fut bientôt réprimé par la fermeté des magistrats et surtout par un souvenir terrible. Au premier bruit des revers de l'armée française, le peuple de Milan, loin de se laisser intimider par les agitateurs, courut en foule au palais municipal et au logement de Salicetti demander des armes pour voler au secours de ses nouveaux protecteurs. Bonaparte eut à s'applaudir alors d'avoir jeté dans cette ville un ferment de liberté ; il en recueillait les fruits. La même cause produisait les mêmes effets à Bologne, à Ferrare. Les habitans de Modène et de Reggio montrèrent des sentimens semblables, malgré les excitations de la régence.

§ V.

Mais à Rome, où le dernier armistice avait soulevé l'indignation populaire, les

Français, depuis quelque temps, ne rencontraient plus que des regards menaçans. A peine y avait-on appris l'entrée en campagne de Wurmser, que les rapports avec les Républicains avaient pris tout à coup un caractère d'hésitation et de mauvaise foi. Le pape semblait toujours agir franchement, mais chacun de ses ordres était contrarié ou méconnu par ceux qu'il chargeait de leur exécution. Le collége des cardinaux, avec ou sans son assentiment, préparait des troubles et des résistances.

Cinq millions avaient été payés d'après les conditions de l'armistice; mais le reste se faisait attendre. Cinquante milliers de poudre devaient être fournis à l'armée par le pontife; Monge et Berthollet, chargés de l'examiner et de l'éprouver, la reconnurent défectueuse et préparée de façon à ce que les effets en fussent paralysés. En vain Miot, ministre de France en Toscane, et le chevalier Azara, se rendirent à Rome pour faire cesser de tels abus par une médiation bienveillante, on les amusa par de fausses protestations de dévouement, et déjà les Français étaient insultés publiquement dans les rues de Rome; le peuple y courait en foule dans les églises pour être témoin de miracles sans nombre qui semblaient annoncer le courroux du ciel contre la France républicaine. Toutes les madones s'agitaient sur leurs autels et dans leurs cellules de pierres; elles ouvraient et fermaient les yeux, en laissaient tomber des larmes, comme s'indignant d'avoir été souillées par l'aspect des étrangers; les bouquets de lis qui les décoraient relevaient tout à coup leurs tiges desséchées et se couvraient de nouvelles fleurs. Des fanatiques répandus dans la foule prenaient le soin d'expliquer le sens caché sous ces symboles miraculeux, et le peuple, qui craignait de voir les protectrices de la ville sainte déserter bientôt un pays où l'on souffrait la présence des impies, se portait en procession et en chantant des psaumes au pied de ces images révérées, pour les supplier de prendre patience, de calmer leur douleur et de ne point les abandonner encore.

Jusque là cependant aucun acte flagrant de l'autorité n'avait compromis la cour de Rome envers la France. Mais ce fut alors qu'on apprit la levée du siége de Mantoue. La garnison française qui gardait la citadelle de Ferrare venait d'en sortir pour renforcer l'armée sur les bords de l'Adige. On ne douta plus de la perte des Républicains.

Le cardinal Mattei, archevêque de Ferrare, se hâta de prendre possession de la citadelle, et le drapeau pontifical y flotta de nouveau. Le cardinal Della-Greca, napolitain, connu ainsi que Mattei pour son opposition au système français, se rendit aussitôt dans la légation en qualité de vice-légat; mais les habitans ne l'y reçurent qu'avec répugnance, et, secondés par la garde nationale, ne voulurent point souffrir que les armes papales remplaçassent celles de la République. A Rome, les membres qui composaient la commission chargée de choisir les objets d'art que la République s'etait réservés, furent poursuivis par une populace furieuse, et ne parvinrent à se mettre en sûreté que grâce à la protection d'un chef de sbires. Vivement sollicité de faire punir cette insulte par Azara et par Cacault, qui avaient remplacé Miot, Pie VI ordonna l'arrestation de quelques individus obscurs qui s'échappèrent de prison deux jours après.

§ VI.

Le roi de Naples semblait faire un mouvement pour seconder Rome au besoin, et s'avançait vers Ponte-Corvo à la tête de troupes nombreuses ; Venise armait de son côté ; le Piémont avait renoué secrètement ses relations avec l'empereur : tout menaçait les Français d'une entière destruction en cas d'échec.

L'effet de la victoire de Castiglione atteignit à la fois et les armées de l'Autriche et ses partisans. L'écho du canon tiré à Medolano retentit dans toute la Péninsule, et suffit pour faire rentrer sous terre tous les fauteurs de séditions. Libre enfin de jeter un coup d'œil derrière lui, Bonaparte écrivit aux Milanais pour leur témoigner sa satisfaction.

En récompense de la conduite qu'ils avaient tenue, il leur permit de lever une légion lombarde, faveur que jusqu'alors ils avaient sollicitée en vain. Bologne et Ferrare reçurent à leur tour des marques de son estime.

Quant au blâme à distribuer, le général en chef sentit qu'avec des souverains les paroles sont insuffisantes, et, ne pouvant encore agir, il ferma les yeux et feignit d'accueillir favorablement toutes les explications qu'on voulut bien lui donner. Rome parut s'empresser d'aplanir toutes les difficultés qu'elle avait trouvées jusque là à l'exécution de l'armistice. Les trésors de la chambre apostolique, les sommes déposées au château Saint-Ange depuis Sixte-Quint, furent mis en réquisition. Pour se justifier de l'occupation de la citadelle de Ferrare et de l'envoi du vice-légat, elle prétexta qu'en l'absence des Républicains, la ville se trouvant sans défense, elle avait cru devoir, même dans l'intérêt de la

France, y rétablir momentanément le pouvoir du pape, afin de s'opposer à ce que les Autrichiens s'en emparassent, en cas de succès. Cependant le cardinal Mattei fut mandé par le général en chef à Brescia. Aux reproches de Bonaparte, le prélat se contenta de répondre avec contrition : *peccavi*. Le chevalier Azara, qui s'était toujours montré dévoué au parti français, sollicitait du vainqueur la grâce de l'archevêque, affirmant que dans tout cela il n'y avait eu que *de l'ignorance et point du tout de malice*. Bonaparte se contenta de reléguer Mattei, pendant trois mois, dans un séminaire.

Le fier Républicain dédaigna de s'occuper ostensiblement des mouvemens menaçans du roi des Deux-Siciles, déclarant, comme il l'écrivit au Directoire et à l'ambassadeur espagnol, « que si la cour de Naples cherchait encore à se mettre sur les rangs, il prenait l'engagement, à la face de l'Europe, de marcher contre les prétendus soixante-dix mille hommes, avec six mille grenadiers, quatre mille hommes de cavalerie et cinquante pièces de canon.

§ VII.

Il refusa d'abord de croire à la connivence de la cour de Turin avec celle de Vienne. L'accueil qu'il avait reçu du roi de Sardaigne, les relations qu'il n'avait pas cessé d'entretenir avec le marquis de San-Marsano, le prévenaient toujours en faveur de cette cour.

Néanmoins, dans les Alpes-Maritimes, les Barbets augmentaient leurs bandes de jour en jour et s'organisaient avec une régularité qui devait paraître suspecte. Leur chef, Comtin, qui déclarait n'avoir point signé de traité avec la France, s'était proclamé prince des vallées, roi des montagnes, et faisait une guerre à mort aux Français. Le gouvernement sarde fut d'autant plus suspecté alors par le Directoire, que depuis quelque temps les Barbets, contre leur habitude, mettaient du patriotisme dans leurs brigandages, et ne pillaient, n'assassinaient que les Républicains. Le 7 août, un convoi français fut attaqué par ces audacieux partisans. Le général Dujard et le colonel Bicistraf, qui leur résistèrent, furent massacrés, ainsi que quelques soldats. Sans doute les Barbets, fiers d'un pareil triomphe, s'apprêtaient à barrer le passage des Alpes aux Républicains fugitifs ; mais déjà depuis deux jours la chance avait tourné complétement. Il fallut pourtant appauvrir encore l'armée de quatre mille hommes, pour nettoyer les routes de ce ramas de pillards et d'assassins. Quelques compagnies de gardes nationaux du Var et des Alpes-Maritimes marchèrent avec cette colonne mobile. On fit aux Barbets une guerre d'extermination. Une commission militaire était là pour ceux qui déposaient les armes. On ne put cependant parvenir à les détruire. Les ministres de Victor-Amédée promirent de seconder les efforts de la France pour l'anéantissement de ces bandes ; mais, soit impuissance, soit mauvaise volonté, rien n'y fit. Plusieurs fois Comtin, arrêté du côté de Turin, trouva le moyen de s'évader de prison. Plusieurs fois sa mort fut hautement publiée dans le Piémont. Il avait été trouvé noyé dans un torrent; atteint d'un coup de feu, il était tombé du haut d'une montagne, ou même, saisi par les milices du pays, on l'avait passé par les armes.

Mais bientôt les plus affreux excès trahissaient son existence. Quelques obscurs bandits de sa troupe avaient seuls péri, sacrifiés peut-être au besoin que ressentait le gouvernement sarde de se défendre d'une pareille complicité. Ce ne fut que deux ans après, qu'ayant eu l'insolence de traverser le Var à la tête de quelques uns de ses hommes, Comtin fut surpris, désarmé par un détachement français, conduit à Marseille et bien réellement fusillé.

§ VIII.

Les ennemis de Bonaparte n'étaient pas seulement dans l'armée de Wurmser et parmi les peuples d'Italie. Lorsqu'on apprit, à Paris, les revers de Salo et de la Corona, des voix s'élevèrent pour accuser le jeune général de tous les malheurs qui étaient près de fondre sur la France. On exagéra ses désastres, on accusa ses intentions, sa probité; on le taxa d'imprudence orgueilleuse et d'incapacité. Dix journaux vendus à la contre-révolution, profitant de la liberté presque sans bornes dont la presse jouissait alors, attaquèrent avec acharnement en lui un des choix du Directoire, et demandèrent hautement son rappel et sa mise en jugement devant une cour martiale. On semblait le menacer de mettre à la tête de l'armée d'Italie le brave général Hoche, qui venait de pacifier la Vendée. On ajoutait même, on imprimait que le pacificateur des départemens de l'Ouest était secrètement chargé de s'emparer de la personne de Bonaparte, qui, de sa propre autorité, contractant des traités, dictant des armistices, protégeant les prêtres et les émigrés en Italie, appelant les peuples à la liberté, semblait vouloir s'affranchir de la tutelle du Directoire. Une réputation militaire si brillante, si soudaine, n'avait pu manquer d'exciter bien des haines, de remuer bien des passions et des intérêts. Les royalistes détestaient en lui l'un des vainqueurs de vendémiaire et le soutien actuel de la République. Quelques Républicains, plus craintifs, plus clairvoyans ou plus envieux que les autres, redoutaient son caractère hautain, entreprenant, son esprit d'audace et d'indépendance. Ces criailleries affectèrent vivement Bonaparte, que les attaques de journaux et de tribune trouvèrent toujours très sensible ; il s'en plaignit au Directoire et le pria de le défendre contre ses ennemis personnels, tandis que lui-même triomphait de ceux de la République. Le Directoire s'empressa, pour le rassurer, de lui adresser une lettre flatteuse de félicitations qui fut insérée dans quelques feuilles publiques.

Le général Hoche n'avait point attendu ce signal de l'autorité pour imposer silence aux rapports mensongers dont il était l'objet. Dans une lettre qu'il adressa au ministre de la guerre, après avoir voué au mépris les ennemis secrets de la Répu-

blique, il ajoutait : « Pourquoi Bonaparte
« se trouve-t-il donc l'objet des fureurs de
« ces Messieurs ? Est-ce parce qu'il a battu
« leurs amis et eux-mêmes en vendémiaire ?
« Est-ce parce qu'il dissout les armées des
« rois, et qu'il fournit à la République les
« moyens de terminer glorieusement cette
« honorable guerre ? Ah ! brave jeune
« homme, quel est le militaire républicain
« qui ne brûle du désir de t'imiter ? Cou-
« rage, Bonaparte ! conduis à Naples, à
« Vienne, nos armées victorieuses ; ré-
« ponds à tes ennemis personnels en hu-
« miliant les rois, en donnant à nos armes
« un lustre nouveau, et laisse-nous le soin
« de ta gloire ! etc. » Cette double démarche du général et des gouvernans in-
timida l'intrigue et fit tomber les faux
bruits.

CHAPITRE VI.

Terreur panique des administrations de l'armée. — Mouvement des armées du Rhin. — Échange de prisonniers. — Wurmser se porte sur Mantoue, Bonaparte sur Inspruck. — Bataille de Roveredo. — Passage du défilé de Calliano. — Combat de Lavis. — Les Français à Trente.

§ Ier.

Toujours les pieds sur l'Adige, avant de poursuivre plus loin Wurmser qui avait établi son quartier général à Trente, Bonaparte ralliait son armée, ébranlée elle-même par tant de secousses victorieuses. Il y comptait quinze mille soldats incapables de soutenir leurs armes (1), la plu-

---

(1) Le 13 août 1796, le général suisse Zimermann écrivait au marquis Gherardini, en lui parlant des jour-

part, il est vrai, atteints seulement d'une fièvre légère qui ne devait point résister à quelques jours de soins et de repos; mais le service des administrations était dans un désarroi complet. Il s'agissait de le réorganiser. Dès les premiers succès de Wurmser et de Quasdanowich, un excès de précaution, plutôt suggéré par la peur que par la prudence, avait emporté une partie des employés de l'armée jusque derrière la ligne du Pô et même jusqu'aux états de Gênes. Le général en chef en fut indigné, et, plus tard, il ne leur ménagea pas les expressions de son mépris. « Tout homme qui aime la vie plus que la gloire nationale et l'estime de ses camarades, ne doit pas faire partie de l'armée française, » écrivait-il au Directoire en se plaignant de leur conduite. Avant de se mesurer avec la seconde armée de Wurmser et de

---

nées de Castiglione : « Bonaparte a crevé sept chevaux « en deux jours ; les fatigues sont excessives. Tous les « Français touchés dans le combat, meurent de la « gangrène. » (*Corresp. inéd.*, t. 1. p. 508.)

tenter l'invasion du Tyrol, il voulait encore attendre que les armées du Rhin fussent à même de pouvoir le seconder.

§ II.

Jourdan avait traversé le Rhin à Neuwied, Moreau à Strasbourg. D'après le plan de Carnot, qui, s'appuyant sur les résultats brillans de la campagne de 1794, cherchait de nouveau à déborder les ailes de l'armée impériale, l'un des deux généraux républicains devait remonter le Mein, l'autre le Necker, et rejeter les forces autrichiennes sur le Danube.

Fier de l'honneur que lui avait fait, parmi les militaires, son premier essai, Carnot s'était aussitôt hâté de l'ériger en système. Ainsi la routine est souvent près de l'innovation.

Ce double mouvement, si fatal à l'empire deux ans auparavant, ne devait le devenir alors qu'à la République, en permettant au prince Charles de rassembler toutes ses forces pour écraser un de ces deux grands corps isolés, marchant sur un front de soixante lieues.

Les commencemens de la campagne furent cependant favorables à la France. Le prince, battu dans plusieurs rencontres importantes, opéra lentement sa retraite vers le Danube; mais, en reculant, il concentrait ses masses et se fortifiait, tandis que ses adversaires, qui le poussaient toujours devant eux, ne pouvaient se rejoindre pour se porter secours en cas d'échec.

Jourdan, vainqueur à Friedberg, entre à Francfort le 16 juillet, à Wurtzbourg le 25. Vers la fin du même mois, Moreau débouche dans les vallées du Danube. Le prince semble alors abandonner son plan de retraite, se porte contre lui à Néresheim, et après une bataille dont le résultat reste indécis, se retire sur la rive droite du fleuve. La Souabe et la Saxe détachent leur cause de celle de l'empereur et se déclarent neutres. Tout annonce une crise fatale pour l'Allemagne, à moitié envahie. Moreau, dont les avant-postes se répandent jusque derrière les gorges du Tyrol, va donner sa main gauche à Jourdan, sa main droite au vainqueur de l'Italie. Le prince et le feld-maréchal seront bientôt poussés sous les murs de Vienne même par la triple armée républicaine. Telle était sans doute l'espoir de Jourdan et de Moreau, qui ne devaient tous deux cependant retirer de cette campagne mémorable que l'honneur d'une savante retraite.

§ III.

Bonaparte attendait quelques renforts de l'intérieur et de l'armée de Kellermann. Un échange de prisonniers, convenu entre lui et Wurmser, allait replacer dans les rangs un grand nombre de Républicains enflammés du désir de réparer la honte d'une captivité passagère. Les soldats autrichiens, qui rentraient au milieu d'une armée vaincue, ne pouvaient être animés de sentimens semblables : l'échange n'avait donc été favorable qu'aux Français. « Ce n'est pas ordinairement la perte « réelle que l'on fait dans une bataille qui

« est funeste à un état, mais la perte ima-
« ginaire et le découragement qui le prive
« des forces mêmes que la fortune lui avait
« laissées (1). »

Le moment était venu pour Bonaparte de s'enfoncer dans le Tyrol, pour essayer d'opérer sa jonction, en Bavière, avec l'armée de Rhin et Moselle.

§ IV.

Couvert de hautes montagnes, coupé par de nombreuses vallées et des gorges profondes, traversé par une multitude de rivières, de torrens, habité par un peuple fier, intrépide et depuis long-temps dévoué à l'empire, le Tyrol offrait au feld-maréchal tous les moyens de se maintenir dans une défensive assurée. Dix mille Tyroliens habiles à manier les armes à feu, à escalader les montagnes, experts dans la connaissance du pays, des défilés et des

---

(1) Montesquieu, *Grandeur et Décadence des Romains*, chap. IV.

torrens qui le sillonnent, étaient accourus sous ses drapeaux. Encore supérieur aux Républicains en forces numériques, il brûlait du désir de réparer ses échecs précédens. Instruit par une expérience récente, sans doute il formait le projet de ne plus morceler ses masses pour attaquer un ennemi qui, par ses mouvemens rapides et concentriques, avait l'art de transporter en quelques instans son armée entière sur les points les plus opposés. Mais le conseil aulique qui, peu soucieux aussi de la défensive, attachait un puissant intérêt à débloquer Mantoue et qui commençait à se méfier du grand âge du maréchal, venait de lui adjoindre, en qualité de chef d'état-major, le général Laüer, avec un nouveau plan d'opérations médité à la cour de Vienne.

Davidowich, à la tête de vingt mille hommes, devait garder le Tyrol. Il avait son quartier général à Roveredo. Sous ses ordres, la division de Wuckassowich, postée à San-Marco, à Serravalle et sur la route d'Alla, suivait la rive gauche de l'Adige. La division du prince de Reuss, sur la rive opposée, s'alongeait, par Mori, depuis le fleuve jusqu'au nord du lac de la Garda. Les généraux Graffer et Laudon observaient le haut Tyrol et les défilés des Grisons.

Avec le reste de ses forces, représentant une trentaine de mille hommes, Wurmser, dans le même temps, partait de son quartier général pour se porter sur Mantoue par les vallées de la Brenta et le Bas-Adige. Cette diversion, habilement combinée, avait le double but de faire lever le blocus et de ramener tout-à-fait les Républicains en Italie pour empêcher leur jonction avec Moreau.

§ V.

Il était temps. Bonaparte se disposait à marcher sur Inspruck. L'armée d'Italie n'allait plus être bientôt que l'aile droite de cette grande armée qui devait écraser l'empire.

Sans le savoir, Bonaparte prenait l'offensive en même temps que son adversaire. Par un effet de son génie instinctif, pressentant la tentative de Wurmser, avant de s'enfoncer dans le Tyrol, il laissait Kilmaine à Vérone, avec trois mille hommes, tandis que Sahuguet, avec huit mille, restait chargé du blocus de Mantoue.

Ayant ainsi assuré ses derrières, suivi de vingt-huit mille hommes, il remonta l'Adige par les trois routes du Tyrol. Vaubois déboucha par l'extrémité du lac dans la vallée de l'Adige, et, menaçant le flanc droit de l'armée autrichienne, se porta au devant du prince de Reuss, qu'il avait précédemment battu à la Rocca-d'Anfo et à Torbole. Masséna passa le fleuve, gagna l'autre rive par le pont de Polo et s'avança au devant de Wuckassowich.

Le 3 septembre, l'avant-garde de Vaubois, commandée par le général Saint-Hilaire, rencontra celle du prince de Reuss et la culbuta. Bonaparte venait de rejoindre la division de Masséna sur la route de Trente; il se met à sa tête, prend la grande route d'Alla, bat l'ennemi à Serravalle, où vient d'arriver le corps d'Augereau, laissé vers Bassano pour observer les forces de Wurmser. Le lendemain, le général en chef franchit le défilé de San-Marco, vaillamment défendu par Wuckassowich, se porte sur Roveredo, situé à une lieue de là, au bas d'une montagne et sur le bord d'un torrent ; il emporte le camp établi en avant de la ville, refoule les Autrichiens dans ses murs. La 32e demi-brigade, commandée par Rampon, qui venait d'arriver, reçoit l'ordre de filer entre Roveredo et l'Adige pour tourner l'ennemi, tandis que la 18e de ligne s'élançait dans la place; mais Victor, qui commandait cette dernière demi-brigade, avait mis une telle impétuosité à charger les Autrichiens, que la ville fut entièrement évacuée avant que Rampon eût pu opérer son circuit.

Vaubois luttait en même temps contre le corps principal du prince de Reuss et le mettait en déroute à Mori. Vers le milieu du jour, les deux rives du fleuve retentissaient des cris de victoire des Français, dont toutes les forces se trouvaient concentrées à la hauteur de Roveredo.

§ VI.

Mais des obstacles plus grands restaient à surmonter. Davidowich avait placé une nombreuse réserve à Calliano, position formidable, située sur la route de Trente, entre l'Adige et des rochers inaccessibles. Le château de la Piétra et le village de Calliano barraient ce défilé, large d'environ quarante toises, et qui, défendu encore par une forte muraille crénelée, garnie de grosse artillerie, se prolongeait des rochers à la rivière. Des nuées de soldats tyroliens, disséminés le long de la gorge, sur la crête des montagnes, plongeaient avec le feu si sûr de leur mousqueterie dans toutes les profondeurs du défilé.

C'était là le seul chemin que pussent tenir les Français pour arriver à Trente. Wuckassowich s'y trouvait déjà. Toujours digne de sa réputation, ainsi qu'après la reprise de Dégo, c'est en combattant qu'il reculait devant les Républicains. Il rejoignit Davidowich sous Calliano. L'arrivée d'un pareil auxiliaire allait rendre la position de Calliano tout-à-fait inabordable si on laissait aux Impériaux le temps de se reconnaître.

Tandis que l'infatigable Masséna, qui se battait et triomphait depuis quarante-huit heures, rallie ses brigades en avant de Roveredo, pour les conduire de nouveau à l'ennemi, Bonaparte, à la tête de deux escadrons, court sur la route de Trente inspecter les dispositions de Davidowich. Il sent bientôt que ce n'est qu'à force d'audace et de promptitude qu'on peut conserver l'espoir d'enlever une position aussi formidable. Les troupes reçoivent l'ordre d'avancer.

L'infanterie légère doit à la fois se répandre en tirailleurs sur les bords de l'Adige, pour tourner le château de la Piétra et escalader les rochers amoncelés, dont chaque saillie dérobe un ennemi à ses yeux. Les intrépides combattans des Alpes étaient seuls capables de débusquer ainsi les adroits chasseurs du Tyrol. Ils s'élancent de roc en roc jusque sous les murs du château, et font pleuvoir une grêle de balles sur l'ennemi, tandis que le général Dommartin le foudroie en écharpe.

Alors, sur un signe du général en chef, une colonne dont faisait partie la 32ᵉ demi-brigade, s'enfonce, l'arme au bras, dans le défilé. Le canon autrichien éclate sur elle; ses rangs s'éclaircissent, puis se resserrent, et les Républicains continuent d'avancer, avec un calme apparent, au milieu du gouffre où ils se sont engagés. Tout à coup, s'élançant avec une impétuosité furieuse, ils écrasent tout ce qui s'oppose à leurs efforts : les retranchemens et la muraille sont enlevés par eux à la baïonnette. L'ennemi s'épouvante et commence à battre en retraite; les tirailleurs, qui garnissent les rochers, le harcellent et jettent le désordre au milieu de ses bataillons. Le capitaine Lemarois, aide de camp du général en chef, suivi de quelques hussards, traverse aussitôt une colonne autrichienne, et tente de la surprendre en tête pour la contraindre à poser les armes; mais bientôt entraîné lui-même par ce flux rapide d'hommes et de chevaux, il est renversé, foulé aux pieds, meurtri. Le 1er régiment de hussards accourt à son aide, et voit tomber son colonel dans une charge brillante, décisive, qui non seulement dégage le brave et aventureux Lemarois, mais change tout-à-fait en déroute la retraite des Impériaux. Dès ce moment, jetant leurs armes, ils ne songent plus qu'à fuir à travers les bois et les rochers; *on les prenait par centaines; dix hommes faisaient poser les armes à des régimens entiers* (1).

§ VII.

Le général Vaubois avait passé l'Adige dans la nuit du 4 au 5 septembre, et sa division arriva à Trente presqu'au même in-

---

(1) Historique de la 32e demi-brigade.

stant que celle de Masséna. Celui-ci, après avoir donné quelques instans de repos à ses troupes, sur l'ordre du général en chef, s'était remis à la poursuite de l'ennemi, qui occupait une forte position derrière le large torrent de Lavis, sur la route de Trente à Botzen. A la tête de l'avant-garde et soutenu par Vaubois, Masséna attaque les Autrichiens à six heures du soir. Il fallait, pour aborder Davidowich, traverser un pont hérissé d'artillerie. Le cri *Lodi! Lodi!* se fit entendre de nouveau dans les phalanges républicaines; et tandis que le général Murat, à la tête d'un régiment de cavalerie qui porte des fantassins en croupe, cherche un gué pour franchir le torrent, l'avant-garde, excitée par la présence de Bonaparte, se précipite sur le pont. Pendant quelques instans ses efforts sont infructueux; mais bientôt Dallemagne arrive avec la 25ᵉ demi-brigade. L'ennemi cède et se retranche dans le village de Lavis, où Dallemagne et Murat l'attaquent avec fureur. Davidowich, instruit par sa défaite de la veille, ordonne aussitôt la retraite, que favorise une nuit épaisse.

Six mille prisonniers, vingt-cinq pièces de canon, sept drapeaux, furent les résultats glorieux de ces différentes affaires, qui livrèrent aux Français les défilés du Tyrol et les villes de Roveredo et de Trente.

CHAPITRE VII.

Organisation du Trentin. — Bonaparte s'élance sur les traces de Wurmser. — Combat de Primolano. — Prise du fort de Covolo. — Bataille de Bassano. — Wurmser dans Mantoue. — Combat de Saint-Georges.

§ Ier.

A peine Bonaparte est de retour à Trente, qu'il apprend que Wurmser, se portant rapidement sur Mantoue, laissait à Davidowich seul le soin de défendre les défilés du Tyrol. Une dépêche de Kilmaine annonçait encore au général en chef que Mezaros, avec sa division, avait passé la Brenta, se dirigeait vers l'Adige et serait sans doute devant Vérone le 7 septembre.

Que fera Bonaparte ? Continuer le mouvement sur la Bavière, où se trouvait déjà l'avant-garde de Moreau, c'était risquer de perdre l'Italie au profit de Wurmser ; se jeter sur les traces du feld-maréchal présentait non moins de dangers, puisqu'une défaite pouvait livrer l'armée française, renfermée dans les gorges du Tyrol, entre Wurmser et Davidowich. Un autre général se fût épouvanté d'une semblable alternative. Supposez le prudent Moreau à la place de l'audacieux Bonaparte, et tout était perdu! Mais Bonaparte connaissait son armée, et il comptait sur elle ; il croyait en lui-même, et, dans des cas semblables, le génie c'est la confiance.

En un instant son projet est conçu, examiné, mûri. Tandis que ses généraux reçoivent ses ordres et disposent tout pour se mettre en marche le lendemain matin, lui, exerçant déjà la puissance de sa pensée sur d'autres objets, consacre le reste de la nuit à l'organisation du Trentin. Quelques habitans du Tyrol s'étaient montrés partisans du système français: Bonaparte se sert de cette fraction du peuple comme d'un levier qui lui servira à soulever le reste. Il leur avait adressé de Brescia une proclamation qui devait, selon son espoir, augmenter leur importance et leur nombre. Aujourd'hui il détermine, dans un arrêté, les formes du gouvernement provisoire qu'il veut imposer à sa nouvelle conquête (1).

---

(1) Voici ces deux actes, tels qu'ils furent publiés :

PROCLAMATION.

BUONAPARTE, GÉNÉRAL EN CHEF DE L'ARMÉE D'ITALIE, AUX HABITANS DU TYROL.

Au quartier général de Brescia, le 13 fructidor an 4.

Vous sollicitez la protection de l'armée française ; il faut vous en rendre dignes. Puisque la majorité d'entre vous est bien intentionnée, contraignez ce petit nombre d'hommes opiniâtres à se soumettre ; leur conduite insensée tend à attirer sur leur pays les fureurs de la guerre.

La supériorité des armées françaises est aujourd'hui constatée. Les ministres de l'empereur, achetés par l'or de l'Angleterre, le trahissent. Ce malheureux prince ne fait pas un pas qui ne soit une faute.

Le 6 septembre, au jour naissant, tout est prêt. Vaubois, avec sa division, reste

---

Vous voulez la paix; les Français combattent pour elle. Nous ne passons sur votre territoire que pour obliger la cour de Vienne de se rendre au vœu de l'Europe, désolée d'entendre les cris de ses peuples. Nous ne venons pas ici pour nous agrandir: la nature a tracé nos limites au Rhin et aux Alpes, dans le même temps qu'elle a posé au Tyrol les limites de la maison d'Autriche.

Tyroliens! quelle qu'ait été votre conduite passée, rentrez dans vos foyers; quittez des drapeaux tant de fois battus, et impuissans pour les défendre. Ce n'est pas quelques ennemis de plus que peuvent redouter les vainqueurs des Alpes et de l'Italie; mais c'est quelques victimes de moins que la générosité de ma nation m'ordonne de chercher à épargner.

Nous nous sommes rendus redoutables dans les combats, mais nous sommes les amis de ceux qui nous reçoivent avec hospitalité.

La religion, les habitudes, les propriétés des communes qui se soumettront seront respectées.

Les communes dont les compagnies de Tyroliens ne seront pas rentrées à notre arrivée seront incendiées; les habitans seront pris en ôtage et envoyés en France.

Lorsqu'une commune sera soumise, les syndics seront tenus de donner à l'heure même la note de ceux de ses habitans qui seraient à la solde de l'empereur; et s'ils font partie des compagnies tyroliennes, on incendiera

sur les bords du Lavis, pour contenir Davidowich. Bonaparte emmène avec lui ses

---

sur-le-champ leurs maisons et on arrêtera leurs parens jusqu'au troisième degré, lesquels seront envoyés en ôtage.

Tout Tyrolien faisant partie des compagnies franches, pris les armes à la main, sera sur-le-champ fusillé (*).

Les généraux de division sont chargés de la stricte exécution du présent arrêté.

ARRÊTÉ DU GÉNÉRAL BUONAPARTE, PORTANT RÈGLEMENT POUR L'ADMINISTRATION DE LA VILLE DE TRENTE.

19 fructidor an 4 (5 septembre 1796.)

ARTICLE 1er. Le conseil de Trente, appelé ci-devant conseil aulique, continuera toutes les fonctions civiles, juridiques et politiques que lui accordent les usages et le gouvernement du pays.

2. Toutes les attributions que l'empereur conservait sur la principauté de Trente, seront conférées au conseil de Trente.

(*) Ces ordres avaient surtout pour but d'effrayer les partisans tyroliens et ne reçurent pas leur exécution, comme on le verra plus tard.

deux foudres de guerre, Augereau et Masséna, et, à la tête de vingt mille hommes,

---

3. Les receveurs du prince, de quelque nom que ce soit, et de quelque nature que soit l'imposition directe ou indirecte, rendront compte au conseil de Trente.

4. Le conseil de Trente rendra compte à la République de tous les revenus du prince et de l'empereur. Il veillera, en conséquence, à ce que rien ne soit distrait.

5. Tous les actes se feront au nom de la République française.

6. Le conseil de Trente prêtera serment d'obéissance à la République, et le fera prêter à toutes les autorités civiles et politiques du pays.

7. Tous les étrangers, de quelque pays qu'ils soient, qui auraient des emplois publics, seront obligés de quitter les États des Trentins dans les vingt-quatre heures. Le conseil de Trente les remplacera par des naturels du pays.

8. Tous les chanoines de Trente qui ne sont pas natifs de Trente, sortiront sur-le-champ de son territoire. Les chanoines de Trente se réuniront, et nommeront aux places vacantes par une liste triple qui sera présentée au général en chef, qui choisira.

9. Le général commandant la place tiendra lieu de capitaine de la ville.

10. Le conseil de Trente est chargé de l'exécution du présent ordre, sur sa responsabilité.

s'enfonce dans les gorges de la Brenta, pour écraser les trente mille guerriers de Wurmser. Vingt lieues de chemins escarpés et montagneux lui restent à faire avant de rejoindre le feld-maréchal; il les fera en deux jours.

§ II.

Sortie du lac de Caldonazzo, non loin de Trente, la Brenta dessine une courbe jusqu'à Primolano et Cismone, descend à Bassano, et court ensuite, en serpentant, dans les plaines du Vicentin et du Padouan, pour se jeter dans le golfe de Venise. Wurmser avait dû côtoyer les bords de cette rivière jusqu'à Bassano, pour venir, à travers Vicence, tenter le passage de l'Adige entre Vérone et Legnago.

Le feld-maréchal espérait que Davidowich opposerait une assez longue résistance aux Français pour lui donner le temps d'arriver sous Mantoue, ou que du moins, en apprenant son mouvement vers la Brenta, les Républicains se hâteraient de regagner l'intérieur de l'Italie par l'Adige. Son avant-garde, sous les ordres de Mezaros, était déjà au delà de Vicence, et Wurmser faisait tranquillement reposer ses troupes dans Bassano, lorsqu'il apprit coup sur coup la déroute de Calliano, la marche de Bonaparte, qui, s'avançant à grands pas à travers les vallées de la Brenta, venait déjà de culbuter son arrière-garde à Primolano.

Le 7, ce village, avantageusement situé entre le fleuve et de hautes montagnes, avait été enlevé par Augereau. Un corps de Croates, chargé de sa défense, s'était rallié dans le fort de Covolo, qui domine le chemin par où les Français devaient passer. Malgré leur vigoureuse résistance, ils en furent chassés. Tournés par un régiment de dragons, en voulant opérer leur retraite, ils se virent forcés de mettre bas les armes. « L'armée française bivaqua au village de Cismone (1); Napoléon y prit

---

(1) Elle n'était plus qu'à quatre lieues de Bassano et avait fait dix lieues depuis la veille.

son quartier général, sans suite, sans bagages, mourant de faim et de lassitude; il y passa la nuit. Un soldat (qui l'en fit ressouvenir au camp de Boulogne, en 1805, lorsqu'il était empereur) partagea avec lui sa ration de pain (1). »

§ III.

Wurmser recevait en même temps des nouvelles de Mezaros. Ce général avait tenté de surprendre Vérone, mais Kilmaine, chargé de la défense de cette ville, accueillit les Autrichiens avec tant de vigueur, que Mezaros se replia en toute hâte sur Saint-Michel, attendant et sollicitant avec instance l'arrivée du feld-maréchal. Celui-ci, suspendant sa marche déjà trop lente et s'écartant du plan tracé par le général Laüer, fit, au contraire, intimer l'ordre à Mezaros de se rapprocher aussitôt de lui et de revenir sur la Brenta à marches forcées.

---

(1) *Mémoires de Napoléon*, t. 3, p. 305.

Fier de la position qu'il occupait à Bassano, ayant un pont sur le fleuve, appuyant ses côtés aux montagnes de Solagna et de Campolongo, Wurmser voulait en finir d'un seul coup avec l'armée française, que Davidowich pouvait prendre en queue. Il espérait rassembler toutes ses forces, pour fermer à Bonaparte les vallées de la Brenta et l'y anéantir ; mais les Républicains dévoraient l'espace, et Mezaros avait à peine eu le temps de recevoir le message de Wurmser, que déjà les divisions d'Augereau et de Masséna se jetaient sur l'avant-garde autrichienne.

§ IV.

Le 8 septembre (1), à deux heures du matin, Bonaparte était parti avec le 5ᵉ ré-

---

(1) Le lendemain 9 septembre, le directeur Laréveillière-Lépaux écrivait de Paris à Bonaparte pour lui apprendre le désastre de l'armée de Sambre-et-Meuse et lui enjoindre de se porter sur Inspruck *pour occuper vivement*

giment de dragons, qui portait les drapeaux conquis la veille à Primolano. A la vue des étendards ennemis, les colonnes d'attaque poussèrent des cris de joie, oublièrent leurs fatigues et se mirent en marche. Augereau prit la gauche du fleuve, Masséna la droite.

Les Impériaux avaient porté en avant six bataillons, retranchés et soutenus par de fortes et nombreuses batteries qui prolongeaient une chaîne de défense depuis la rivière jusque sur les sommités des montagnes. Ils sont attaqués en même temps sur tous les points. Au bruit d'une vive fusillade et de l'artillerie qui commence à tonner, à la tête de la 4ᵉ demi-brigade d'infanterie, l'intrépide Lannes aborde les Autrichiens, et, malgré la dif-

---

dans le Tyrol les *Autrichiens qui pourraient porter des secours en Bavière.*

Le même jour, Moreau lui envoyait un courrier, annonçant qu'au moment de tenter l'attaque du Tyrol, la même cause le forçait de changer de direction.

(*Corr. inéd. et offic. de Nap. Bonaparte*, t. 2, p. 19 et 25.)

ficulté du terrain, s'élance avec les grenadiers au milieu de leurs rangs à demi-rompus. Ils s'épouvantent, reculent; chargés par la cavalerie de Murat, ils se dispersent enfin, et découvrent tout à coup leur ligne de bataille, qui, ébranlée elle-même par l'arrivée des fuyards, n'oppose qu'une faible résistance et se retire sur Bassano.

Les généraux autrichiens ne songeaient plus qu'à assurer la retraite du quartier général et du parc d'artillerie. Ils tentent de ranimer l'énergie de leurs troupes qui défendent les faubourgs et le pont. Mais tandis qu'Augereau s'élance au pas de charge dans la ville, la division de Masséna paraît sur la rive droite de la Brenta. Lannes, après avoir enlevé deux drapeaux, se précipite sur le pont, où l'ennemi lutte avec acharnement. Tous les canonniers autrichiens meurent sur leurs pièces, et la 4ᵉ demi-brigade entre dans Bassano aux cris de *vive la république!* La déroute des Autrichiens fut complète. Wurmser, poursuivi par un détachement des guides, mais vaillamment protégé par ses fidèles grenadiers, gagna à la hâte la route de Citadella avec tous les équipages.

Augereau était sur ses traces; Masséna et Lannes sabraient tout ce qui résistait encore. Du haut de la montagne de Lazaretto, Bonaparte saisit alors d'un coup d'œil l'ensemble des deux armées, ordonne au 5ᵉ régiment de dragons, qui l'accompagnait, de fondre dans la plaine et d'achever l'ennemi. L'ordre est aussitôt exécuté. Le bruit des tambours, le son des trompettes, répétés par tant d'échos, les nuages de poussière qui s'élèvent sur une étendue immense, font croire aux fuyards que l'armée française tout entière est sur leurs pas. Au bout d'une demi-heure, les Autrichiens qui formaient l'arrière-garde sont culbutés; chargés par les dragons, éblouis par le soleil, aveuglés par la poussière, ils vont en désordre se ruer sur un bataillon de grenadiers hongrois qui escortait le parc d'artillerie. Caissons, canons, soldats, tout est pris. Wurmser traverse la Brenta à Fonteniva, et se porte sur Vicence pour y rejoindre Mezaros. Quasdanowich, coupé de Bassano, se jette sur le Frioul avec trois mille hommes (1).

Cette affaire brillante valut aux Français trois mille prisonniers et une grande quantité d'équipages de toute espèce.

§ V.

La fortune avait de nouveau couronné l'audace de Bonaparte. Le 9, Masséna marcha sur Vicence; Augereau sur Padoue, acculant ainsi Wurmser sur l'Adige, tandis que le général Sahuguet, qui commandait sous Mantoue, reçut l'ordre de rassembler toutes ses forces et de profiter de sa position topographique pour barrer le passage aux Impériaux. Le feld-maréchal n'avait plus avec lui que seize mille

---

(1) Historique des actions, marches, positions de la 5ᵉ demi-brigade d'infanterie de bataille.
Historique du 5ᵉ régiment de dragons.
Rapport de la 4ᵉ demi-brigade d'infanterie.

hommes, débris d'une armée de soixante mille. Tout semblait annoncer que, cerné de tous côtés, il allait se voir contraint de poser les armes aux pieds de son jeune vainqueur. Il fallut des accidens inespérés pour le préserver d'une ruine totale ou plutôt pour la retarder.

De Vicence, Wurmser, toujours poursuivi, s'était porté sur Legnago, que la garnison française avait précédemment évacué, pour défendre Vérone contre Mezaros. Dans le trouble, dans la précipitation inséparable d'un tel mouvement, le commandant républicain ne songea point à couper le pont. Wurmser, instruit de cette heureuse circonstance, en profita et passa l'Adige.

Un contre-temps si fâcheux pouvait encore se réparer pour les Français. Masséna, qui venait de franchir le fleuve à Ronco, se disposait à interdire le chemin de Sanguinetto aux Autrichiens; mais, abusée par l'infidélité d'un guide, son avant-garde rencontra le corps principal des Impériaux à Céréa et fut culbutée. Le général en chef, qui marchait aussi vers Sanguinetto, arriva au bruit du canon, trouva la 4ᵉ légère en pleine déroute, et, forcé lui-même de suivre le mouvement, tourna bride et ne songea qu'à sa propre sûreté. Wurmser en fut instruit quelques minutes après, par une vieille femme qui avait reconnu Bonaparte; il lança aussitôt un escadron de cavalerie sur ses traces, en recommandant expressément qu'on respectât les jours du général républicain. Au milieu de ses désastres, un sentiment de générosité existait encore dans l'ame du vieux guerrier à l'égard de celui qu'il pouvait justement regarder comme son mauvais génie. Si cette action fit honneur à Wurmser, Bonaparte devait bientôt lui prouver qu'il ne lui était pas plus inférieur de ce côté que d'un autre.

Cependant le maréchal ne savait encore quelle route lui serait ouverte. Des canaux, des ruisseaux, des prairies marécageuses, coupaient tout le terrain situé entre Legnago et Mantoue. Quelques ponts jetés sur le Tartaro, le Thione et la Molinella, pouvaient seuls lui faire atteindre son but tant désiré. Masséna s'avançait sur ses derrières, Augereau venait d'arriver devant Legnago. Hâtant sa course, Wurmser, après avoir toujours marché pendant la nuit du 11 au 12, se trouvait dans Nogara, lorsqu'il y apprit que les ponts de la Molinella n'existaient plus et que Sahuguet se montrait en force à Castellaro. Il se crut perdu et il l'était si Sahuguet n'avait pas négligé de faire détruire aussi le pont de la Villa-Impenta. Le maréchal en profite à l'instant pour franchir le ruisseau. A la tête de trois cents hommes, le général Charton accourt pour lui en disputer le passage, s'aperçoit qu'il est trop tard, se forme en carré sur le chemin, et meurt avec une partie de ses soldats, écrasé par les cuirassiers autrichiens. Wurmser poursuit sa course et fait son entrée à Mantoue, le 13 septembre, à la tête de douze mille hommes accablés par la fatigue et le découragement.

§ VI.

Qui ne serait saisi de surprise et d'admiration à l'idée des combats et des mouvemens si multipliés de cette armée de Républicains, qui, traînant après soi tout l'attirail de la guerre, en dix jours livre dix combats, fait quatre-vingts lieues à travers un pays de montagnes, où, à chaque pas, elle trouve un obstacle à surmonter, un torrent à franchir, un ennemi à vaincre? Les phalanges romaines ont-elles rien exécuté qui puisse se comparer à cette course victorieuse le long de l'Adige et de la Brenta? L'activité de Frédéric lui-même s'en fût épouvantée. Vainqueurs de Quasdanowich à Roveredo, à Calliano, à Lavis, les soldats de Bonaparte se retournent tout à coup contre Wurmser, triomphent à Primolano, à Covolo, atteignent enfin leur ennemi à Bassano, le débusquent, le harcellent pendant les quatre jours suivans, par une série continuelle de marches et de combats, et si le vieux lion de l'Autriche échappe aux meutes ardentes qui le poursuivent, ce n'est que blessé à mort qu'il regagne son antre.

Au même instant, Porto-Legnago s'ouvrait devant le général Augereau par capitulation, et la garnison, composée de dix-sept cents hommes, se constituait prisonnière.

§ VII.

Malgré quelques légers succès qui étaient venus adoucir ses revers, la seconde armée de Wurmser avait été dissipée, anéantie en dix jours, comme la première en cinq. Il restait à Bonaparte d'en renfermer les restes dans Mantoue et de les y paralyser. Ce résultat était pour lui de la plus haute importance. Avec les forces qui lui restaient, Wurmser pouvait encore tenir la campagne et s'étendre hors de la ville pour se procurer les subsistances nécessaires à une aussi nombreuse garnison. De plus, sa position lui permettait de conserver quelques routes de communications qui le mettraient à même de correspondre facilement avec les secours nouveaux que l'Autriche ne devait pas manquer de lui envoyer. Bonaparte résolut donc de fermer sur lui les barrières de Saint-Georges et de Cérèse. Tout, dès le lendemain, marcha vers l'exécution de ce dessein. L'armée républicaine semblait avoir le don de secouer les fatigues incroyables qui l'avaient accablée, comme on se débarrasse d'un manteau qui nous pèse.

Les Français reculèrent d'abord devant les Impériaux pour les attirer en plaine. Le jour même de l'arrivée du feld-maréchal sous Mantoue, tandis qu'Augereau parcourait le Bas-Pô pour ramasser les détachemens épars des Autrichiens qui n'avaient pu suivre la marche de leur général, Masséna se porta sur Castellaro, et Sahuguet sur la Favorite. Sahuguet fut repoussé.

De Castellaro, Masséna, pendant la nuit, s'avançant vers Due-Castelli, tentait de tomber à l'improviste sur l'ennemi, qui déjà se répandait en force dans la campagne pour y fourrager. Cette tentative ne réussit pas mieux que la première ; les Français furent ramenés avec perte et, sans la 32ᵉ demi-brigade qui, dans cette affaire, se couvrit de gloire et se montra le bouclier de l'armée, cette échauffourée eût pu avoir de graves conséquences pour les Républicains.

Ce double échec de la Favorite et de Due-Castelli, sans affaiblir les résolutions de Bonaparte, augmentaient la confiance de Wurmser, et le général républicain n'attendait, pour en profiter et prendre une revanche complète, que l'arrivée de la division d'Augereau.

Le 16 septembre, une partie de la garnison, réunie aux troupes autrichiennes qui campaient sous Mantoue, s'étendit en ligne, de la route de Legnago à celle de Vicence. Les dispositions de l'armée française avaient été arrêtées la veille dans un conseil de généraux divisionnaires tenu chez Bonaparte. Le corps d'Augereau, provisoirement sous les ordres du général Bon, arriva de Legnago et forma la droite du côté de Saint-Georges ; Masséna se plaça au centre, avec la cavalerie, commandée par Kilmaine; Sahuguet, à la tête des troupes du blocus, tint la gauche, en face de la citadelle.

Appuyé derrière un massif d'arbres vers Due-Castelli, Bonaparte, avec le 5ᵉ régiment de dragons, se rapprochant de la division de Masséna, prenait sa part des périls de la journée; car dès le commencement de l'action, la mitraille vint briser les branches des arbres qui l'environnaient, sans lui rien faire perdre de son sang-froid, ni de la précision de son coup d'œil (1).

Déjà Sahuguet était aux prises avec l'ennemi et le poussait entre la citadelle et la Favorite, lorsque Wurmser, voyant déboucher la division d'Augereau du côté opposé, s'imagina que le mouvement de Sahuguet n'était qu'une fausse attaque, et se hâta de se porter au devant du général Bon. Il obtint d'abord quelques avantages sur sa droite, et il redoublait d'activité

---

(1) Historique du 5ᵉ régiment de dragons.

pour décider complétement l'affaire, lorsqu'il apprit que, sur sa gauche, le général Pigeon, secondant les troupes du blocus, menaçait de tourner les Autrichiens et de couper leurs communications entre la Favorite et Saint-Georges. Inquiété sur ses deux ailes, Wurmser dégarnit son centre pour renforcer les extrémités de sa ligne. C'était le mouvement qu'attendait Bonaparte, qui l'avait provoqué. Il lança aussitôt Masséna sur l'ennemi, qui fut refoulé vers la Favorite, tandis que le général Victor, marchant directement sur Saint-Georges, culbuta les troupes qui défendaient ce faubourg et y entra pêle-mêle avec elles.

L'aile gauche des Impériaux se trouvait augmentée d'une grande partie de leur centre; au bruit du canon qui retentissait du côté de Saint-Georges, elle devina toute l'importance de l'attaque de Victor, et, cherchant à profiter de sa supériorité numérique, se réunit en masse pour écraser Masséna qui la contenait. La position de ce général devenait périlleuse ; mais chez lui le génie s'accroissait toujours en raison du danger. Il fit tête à l'orage ; Chabran marcha à la tête des grenadiers ; Marmont et Leclerc, dépêchés par le général en chef, vinrent eux-mêmes donner aux soldats l'exemple de la constance et de l'intrépidité, et les efforts des Impériaux se brisèrent devant un mur d'airain : cependant il allait être tourné, lorsque Masséna jeta sur sa droite Rampon, à la tête de la terrible 32e, qui, pendant quatre heures, soutint les chocs multipliés de l'ennemi (1).

De son côté le feld-maréchal avait été instruit de l'audacieuse tentative de Victor. Craignant, non sans raison, que la prise de Saint-Georges ne lui ôtât les moyens de rentrer dans la place, il recula devant la division d'Augereau, qui reprit aussitôt ses avantages et le harcela vivement. Déjà ébranlée, son aile droite n'arriva sous le faubourg Saint-Georges que pour se trou-

---

(1) Lettre de Masséna à Bonaparte (*Corresp. inédite*). — *Observations sur la première affaire de Saint-Georges*, par un officier de l'armée d'Italie (manuscrit).

ver au pouvoir des Français. Wurmser alors rabattit vers la citadelle, où Sahuguet tenta de l'arrêter ; mais ses forces étaient insuffisantes : la cavalerie autrichienne, protégée par le feu des remparts, se fit jour à travers les rangs républicains, et ouvrit enfin à son général le chemin de Mantoue.

Les Français, dans cette journée, tuèrent deux mille hommes, comptèrent un nombre égal de prisonniers, et s'emparèrent de vingt-cinq pièces de canon. Victor, Murat, Lannes, Saint-Hilaire et Marmont furent blessés dans cette affaire, où ils firent des prodiges de valeur.

Le combat de Saint-Georges termina cette glorieuse série de victoires remportées par Bonaparte sur Wurmser.

CHAPITRE VIII.

Retraite des armées d'Allemagne. — État de l'Italie. — Traité avec Gênes et Naples. — Mort de Victor Amédée. — Les Français reprennent possession de la Corse.

§ Ier.

La marche sur la Brenta, la combinaison hardie de Bassano, venaient de mettre Bonaparte tout-à-fait hors de ligne. La France, fatiguée de victoires, se sentait encore remuée d'admiration au récit des hauts faits de l'armée d'Italie. L'impassible Carnot lui-même écrivait au vainqueur :
« Quoiqu'accoutumés aux choses les plus
« extraordinaires de votre part, nos es-
« pérances ont été surpassées par la vic-
« toire de Bassano. Quelle gloire pour vous,

« immortel Bonaparte! Quel coup terri-
« ble porté à l'orgueilleuse Autriche! Elle
« ne s'en relèverait pas si toutes nos ar-
« mées eussent eu le même succès que
« celle d'Italie. »

En effet, les armées d'Allemagne venaient d'être ramenées sur le Rhin. Après la bataille indécise de Neresheim, le prince Charles s'était concentré sur le Danube, et, laissant trente-huit mille hommes devant Moreau pour le contenir, se jetait avec le reste de ses forces sur Jourdan, qu'il écrasait, et qui se voyait contraint de battre en retraite sur le Mein. Le 3 septembre, atteinte sous les murs de Wurtzbourg par les Autrichiens, l'armée de Sambre-et-Meuse abandonna la Franconie, et ne s'arrêta qu'à Dusseldorf.

Moreau, sans nouvelles de Jourdan, resta vingt jours dans une fatale incertitude, n'essaya ensuite que des demi-mesures, et se détermina enfin à opérer sa retraite, qu'il fit dans un ordre parfait. Après avoir battu le général La Tour, à Biberach (2 octobre), s'être imprudemment mesuré avec toutes les forces de l'archiduc à Emmindingen, il regagna Strasbourg à la fin du mois.

La faute que l'Autriche avait commise en Italie, en divisant ses forces, la France la faisait en Allemagne; et deux jeunes capitaines, Bonaparte et le prince Charles, qui devaient bientôt se mesurer ensemble, relevaient, à la même époque et par un mouvement semblable, l'espoir de leur pays et le courage de leur armée.

§ II.

Ces nouvelles révélaient à Bonaparte toutes les difficultés de sa position. La guerre était loin d'être terminée, et l'avenir lui préparait de nouveaux obstacles à vaincre, des palmes plus brillantes encore à recueillir. Les noms d'Arcole et de Rivoli allaient s'inscrire auprès de ceux de Bassano, de Castiglione, de Lodi et de Montenotte.

Les Français ne devaient plus songer à envahir le Tyrol, dont Moreau s'éloignait tout-à-fait. Les troupes, amoindries par les combats, par les fatigues, par les fièvres qui régnaient autour de Mantoue, avaient besoin de repos et de renforts.

De grands intérêts appelaient encore l'attention de Bonaparte sur l'état moral et politique de l'Italie.

Rome, flottant toujours entre la crainte et la haine à l'égard des Français, tenait l'œil fixé sur les mouvemens de Naples et de Venise, pour savoir si elle devait résister ou se soumettre.

Entretenant le Pontife de promesses fallacieuses, la cour des Deux-Siciles lui promettait à chaque instant de rompre l'armistice signé avec la France, et cependant, dans le même moment, son ambassadeur à Paris traitait avec le Directoire pour la paix définitive.

Venise venait de refuser une alliance avec la République, et s'armait en silence; fatiguée de voir ses villes de terre ferme au pouvoir des Français, qui y propageaient des idées d'indépendance nuisibles à sa sûreté. Aigrie encore des menaces faites à Foscarini, elle semblait vouloir se jeter tout-à-fait dans les bras de l'Autriche, et demandait même à cette puissance un général pour commander ses troupes, sa constitution lui interdisant la faculté de pouvoir les mettre sous les ordres d'un Vénitien.

Il n'était guère plus prudent aux Français de compter sur le Piémont, où l'empereur avait un parti puissant. Le roi sarde se plaignait, non sans raison, de supporter le fardeau d'une guerre qui ne devait rien lui produire : ses états étaient traversés par une triple ligne d'étapes, son commerce paralysé, ses affections de famille froissées. Les excès continuels des Barbets donnaient encore d'autres motifs de se défier de son apparente neutralité.

Environnée de tant de périls, l'armée d'Italie, malgré ses victoires, voyait de jour en jour s'aggraver sa situation : elle ne pouvait espérer de nombreux renforts dans un moment où la France était de nouveau menacée du côté du Rhin. L'avenir s'annonçait sinistre pour les vainqueurs de Bassano : le prestige de leur valeur irrésistible, le souvenir de leurs exploits miraculeux retenaient seuls encore la péninsule sous leur domination; mais ils étaient en petit nombre, et déjà on les comptait.

Heureusement pour eux, il y avait en Bonaparte plus qu'un grand général; il y avait un diplomate et un législateur. Persuadé que l'Autriche ne serait point en état de se mesurer de nouveau avec lui avant un mois, il résolut d'employer ce temps pour améliorer sa situation vis-à-vis des peuples de l'Italie, comme il avait déjà fait avant l'arrivée de Wurmser.

§ III.

Dans sa correspondance, il pressait le Directoire de conclure au plus vite la paix avec Naples. Cela seul pouvait le rassurer sur les mouvemens de la Basse-Italie. « Le roi de Naples a soixante mille hommes sur pied, écrivait-il; il ne peut être attaqué et détrôné que par dix-huit mille hommes d'infanterie et trois mille de cavalerie (1). » Certes, cette évaluation seule suffit pour témoigner de la haute estime que le général accordait à ses soldats; mais alors qu'il contenait Wurmser dans Mantoue, Davidowich dans le Tyrol, qu'une quatrième armée autrichienne se formait contre lui, il lui était impossible de songer à une pareille expédition. Cependant, redoublant ses appréhensions, Cacault, toujours à Rome, lui donnait, comme chose certaine, qu'une ligue était conclue entre la cour des Deux-Siciles et celle du Pontife; « Sa Majesté Sicilienne fera avancer trente mille hommes, ajoutait-il; les Anglais promettent de donner de l'argent; le pape fournira huit mille hommes et du fanatisme à tout le monde (2). »

Dans une pareille situation, il fallait songer avant tout à assurer la ligne de

---

(1) Lettre au Directoire, le 2 octobre 1796.
(2) *Correspond. inéd. et off*. Lettre de Cacault à Bonaparte, le 29 septembre 1796.

retraite. Une alliance avec Gênes ou le Piémont pouvait seule tranquilliser Bonaparte. Déjà Poussielgue, secrétaire de légation à Gênes, avait été chargé par lui de se rendre à Turin pour sonder les dispositions de Victor-Amédée ; mais celui-ci ne demandait pas moins que la Lombardie pour joindre quelques mille hommes aux forces républicaines : ainsi le Directoire et le roi sarde se liguaient d'avance contre la liberté naissante de la Transpadane. Bonaparte rejeta ces propositions.

Outré contre le Directoire de tous les embarras qu'il lui suscitait par la mauvaise tournure qu'il avait fait prendre aux négociations avec Rome, il exhala ses plaintes en termes fort durs, et le menaça même de sa démission pour le contraindre d'adopter les dernières et pressantes mesures qu'il lui indiquait : « Rome arme et fanatise les peuples, lui écrivait-il ; son influence est incalculable. On a très mal fait de rompre avec cette puissance ; cela tourne à son avantage. Si j'eusse été consulté sur tout cela, j'aurais retardé la négociation de Rome, comme celles de Gênes et de Venise. Toutes les fois que votre général en Italie ne sera pas le centre de tout, vous courrez de grands risques. On n'attribuera pas ce langage à l'ambition : je n'ai que trop d'honneurs, et ma santé est tellement délabrée, que je crois être obligé de vous demander un successeur. Je ne peux plus monter à cheval ; il ne me reste que du courage, ce qui est insuffisant dans un poste comme celui-ci. »

Le Directoire le tira enfin de ses angoisses. Le 9 octobre un traité d'alliance fut conclu à Paris entre la République française et les Etats de Gênes. Le lendemain, après tant de retards, d'hésitations, de mauvaise foi, la cour de Naples, se jouant de ses nouvelles promesses à la cour de Rome, acceptait la paix que lui offrait le gouvernement français aux mêmes conditions que celles déjà stipulées dans l'armistice.

Cette double réussite rassura Bonaparte,

qui ne songea plus qu'à gagner du temps pour en finir définitivement avec Rome.

§ IV.

En apprenant le traité avec Gênes, les fiefs impériaux se soulevèrent de nouveau. Le général en chef dépêcha quelques colonnes mobiles au fief de Sainte-Marguerite, dans la vallée de la Scrivia, où était le foyer de la sédition qui fut bientôt étouffée.

Ce fut vers cette même époque que mourut Victor-Amédée III, roi de Sardaigne, après tant de projets de conquêtes, après tant de projets de gloire. Son fils, Charles Emmanuel, prince faible de corps et d'esprit, lui succéda.

Il était à craindre que ce nouveau souverain ne tentât de signaler sa bienvenue au trône en réparant les désastres de son prédécesseur. Ne pouvant plus espérer de la France un accroissement de territoire, il devait nécessairement chercher à se rattacher à la coalition. De plus, son caractère entièrement tourné vers les pratiques religieuses le plaçait moralement sous la dépendance du pape. Bonaparte s'en inquiéta; mais alors de plus hauts intérêts l'occupaient tout entier. Il avait résolu de reconquérir la Corse sur les Anglais et de régénérer l'intérieur de l'Italie.

Aussitôt l'affaire de Saint-Georges, le général républicain avait envoyé son aide de camp, le jeune Marmont, qui s'était si brillamment distingué dans cette guerre, porter au Directoire vingt-deux drapeaux conquis sur l'ennemi. Kilmaine restait chargé du blocus de Mantoue; Vaubois, toujours maître de Trente, se maintenait sur le Lavis; Masséna se retranchait dans Bassano, l'œil fixé sur la Piave; la division d'Augereau occupait Vérone, et Bonaparte s'était rendu à Milan, d'où il dirigeait l'exécution du vaste plan qu'il avait conçu.

§ V.

Depuis quelque temps les Corses étaient irrités contre les Anglais, dont les habitudes tristes et les principes religieux heurtaient leurs mœurs et leurs croyances. Ils les accusaient encore du départ de Paoli, qui, sur un ordre du roi Georges, s'était rendu à Londres, où il devait terminer ses jours. Bonaparte connaissait leurs dispositions, et lors même qu'il combattait à Castiglione et à Bassano, il prenait soin de les entretenir pour chasser enfin les Anglais de la Méditerranée; l'occupation de Livourne lui en avait déjà facilité les moyens.

Sous le commandement du colonel Bonelli, les proscrits, les émigrés de la Corse se réunirent à Marseille et en Toscane et s'organisèrent en compagnies armées. Les généraux Gentili, Casalta, Cervoni, devaient agir après eux. N'ignorant pas qu'un traité d'alliance avait été conclu le 18 août entre la France et l'Espagne, le vice-roi, lord Elliot, comprit que des escadres parties de Toulon et de Carthagène viendraient bientôt favoriser le mouvement des insurgés. C'est alors qu'il s'empara de l'île d'Elbe pour conserver au moins, en cas d'échec, un point d'appui dans la Méditerranée.

Bonelli, débarqué en Corse, parcourut les montagnes de Bastia et de San-Fiorenzo. A sa voix les patriotes se levèrent, entraînés par leur haine pour l'Angleterre et par la garantie que leur offraient les victoires de l'armée française, commandée par un général né leur compatriote. Le son de la trompe se fit entendre dans les vallées, appelant le peuple à l'indépendance; les pitons des montagnes se couvrirent de feux durant les nuits. C'était la réponse faite à l'appel que recevaient les montagnards. Alors l'insurrection prit un caractère de force et de gravité auquel les Anglais ne surent opposer que des mesures impuissantes. Ils ne pouvaient plus parcourir les pièves éloignées de leur résidence sans courir de grands dangers. Lord Elliot lui-même, à la tête d'une troupe armée, ayant voulu tenter l'accès des montagnes, se vit surpris, entouré, et ne racheta sa vie et sa liberté qu'en promettant d'abandonner l'île incessamment. A

Bastia même, les Anglais se voyaient menacés publiquement.

Bonaparte jugea le moment favorable. Malgré la croisière anglaise, embarqués à Livourne, avec quelques troupes de ligne, les émigrés corses atteignirent les côtes de l'île le 19 octobre. Gentili, ancien compagnon de Paoli et nommé commandant de cette division, ne tarda pas à les y rejoindre, à la tête de cinq cents hommes, avec une grande quantité de munitions de toute espèce. Mais déjà le parti britannique était terrassé. Chassés de Bastia, les Anglais n'avaient opposé qu'une faible résistance, car le vice-roi venait de recevoir un ordre d'évacuation de la part même de l'amirauté.

Partout le cri de *vive la France! vive la liberté!* retentissait dans les plaines et sur les montagnes de Calvi, de Bonifacio et d'Ajaccio. L'escadre anglaise cependant se tenait encore dans les parages de San-Fiorenzo : ses plus braves soldats occupaient le rivage pour tâcher de rallier les blessés et les traînards. Gentili les attaqua, les culbuta dans la mer, et fit aussitôt établir des batteries sur les hauteurs de la côte pour foudroyer les vaisseaux anglais, qui prirent enfin le large, en cinglant vers Gibraltar; le 22 octobre la Corse était redevenue française.

———

CHAPITRE IX.

Projets de Bonaparte pour la liberté italienne. — Révolution de Reggio et de Modène. — Correspondance avec le Directoire. — Confédération des villes cispadanes. — Formation des légions lombardes et polonaise. — La république cispadane est déclarée une et indivisible. — Une nouvelle armée autrichienne se rassemble dans le Tyrol. — Wurmser est de plus en plus resserré dans Mantoue.

§ Ier.

Au milieu de tous ses triomphes, Bonaparte ne s'était pas encore senti satisfait : la gloire guerrière ne lui suffisait déjà plus ; il sentait les besoins de son temps, la paix et la liberté ; et, bien différent alors de ce qu'il fut depuis, il voulait donner l'une à l'Europe, l'autre à l'Italie.

Marchant vers ce double but, après la défaite de Wurmser, ce qu'il devait redouter avant tout, c'était le fanatisme religieux au moyen duquel Rome pouvait armer contre lui les peuples de la péninsule. Il résolut enfin de lui opposer ouvertement le fanatisme de la liberté, pour comprimer à la fois les partisans de l'Autriche et ceux du Pontife.

Ce projet d'arracher l'Italie au joug monacal, de lui rendre, avec son indépendance, sa vieille énergie et ses antiques vertus, était noble et grand sans doute; mais il contrevenait aux ordres précis du Directoire : le hardi capitaine n'y vit qu'une résistance de plus à vaincre, et ne s'en effraya pas. Depuis quelque temps, il s'habituait de plus en plus à séparer sa puissance et sa volonté de celles de son gouvernement, et, contre le cours ordinaire des choses humaines, il se fortifiait en s'isolant.

D'abord il osa envisager de sang-froid les difficultés énormes qui s'opposaient à l'exécution de son plan. A son arrivée à l'armée, l'Italie entière s'était offerte à lui comme cernée par le despotisme au profit de la superstition. Les deux extrémités de la péninsule étaient gardées par deux monarques presqu'absolus, ceux de Naples et du Piémont. Deux gouvernemens aristocratiques, Gênes et Venise, jaloux de conserver par la force une autorité usurpée sur le peuple, occupaient les deux côtés opposés. Quatre duchés, sous l'influence de l'Espagne ou de l'Autriche, et une théocratie, dont la puissance, bien que décroissante, s'appuyait sur toute la chrétienté, formaient le milieu de cette riche contrée, où la liberté n'avait d'autre refuge qu'à Lucques et à Saint-Marin, républiques pygmées qui ne devaient leur conservation qu'à leur faiblesse, et semblaient n'être là que pour attester que l'Italie avait été libre autrefois.

§ II.

Quelques mois écoulés avaient déjà grandement changé l'état des choses. Cependant le Directoire, dans son système de restitutions, insistait auprès de Bonaparte sur la nécessité de modérer l'élan des peuples de la Lombardie vers la liberté, dans la crainte de les compromettre aux yeux de l'Autriche, sous le joug de laquelle ils pouvaient retomber bientôt. Le gouvernement français se trouvant alors avoir conclu des traités de paix ou d'alliance avec les souverains d'Espagne, de Prusse, de Sardaigne, étant en négociation avec le roi de Naples, commençait à méconnaître les principes auxquels il devait son existence, et ne voyait déjà plus la liberté des peuples que comme un moyen, et non comme un but. Il consentait à ce que ses agens favorisassent la sédition, et non la liberté. Selon lui, gouvernement établi, reconnu, puissance légitime, les provinces italiques devaient s'agiter au profit de la France seulement : c'était un faux semblant dont il voulait épouvanter l'Autriche.

Mais Bonaparte portait la vue plus loin et plus haut que les directeurs ; il se rappelait le motif de la guerre : c'était contre la liberté des peuples que les rois s'étaient confédérés ; c'était par la liberté des peuples qu'il fallait les vaincre. Entré avec franchise dans le système républicain, le jeune général voyait dans la France une république-mère, comme plus tard le Directoire y vit une république-modèle. La crainte de compromettre la Lombardie aux yeux de l'Autriche devait-elle l'arrêter? Outre le besoin qu'il avait de s'assurer de l'amitié de ces peuples et de les dédommager du poids de la guerre qu'ils avaient dû supporter, il devait songer aussi à ceux qui, à sa voix, avaient reconquis leur indépendance. Déjà Bologne et Ferrare avaient adopté le régime républicain, et leur existence semblait mal assurée tant que d'autres villes de l'Italie n'auraient pas adopté le même système et les mêmes intérêts. Les événemens vinrent les tranquilliser de ce côté.

§ III.

Les Etats de Modène, abandonnés au moment du danger par leur souverain, ne supportaient qu'impatiemment le pouvoir du conseil de régence que le duc avait établi pour gouverner pendant son absence. La ville de Reggio surtout, témoin des heureuses innovations introduites dans le Milanais, et enhardie par le voisinage de l'armée française, aspirait avec ardeur après sa liberté. Bonaparte eût désiré vivement s'attacher les habitans d'un duché qui touchait au Mantouan, ce qui lui offrait des sûretés de plus pendant le blocus de la ville sans cesse assiégée; mais n'ayant encore trouvé aucun grief à faire valoir, il n'osait agir ouvertement contre le duc. Cependant ses agens entretenaient l'exaltation du peuple, et préparaient les événemens. Les Reggiens se soulevèrent bientôt *de leur propre mouvement,* chassèrent les troupes ducales, et, dès le 25 août, le drapeau national flottait sur leurs murs.

Ils ne tardèrent pas à donner à l'armée française des preuves de leur courage et de leur dévouement. Un bataillon autrichien étant sorti de Mantoue pour aller au fourrage, avait passé le Pô à Borgo-Forte; lorsqu'il voulut rentrer dans la place, il fut coupé par les troupes du blocus, et ne vit plus de salut possible pour lui qu'en se retirant à Florence. Mais il lui fallait traverser le territoire de Reggio : à son approche, les habitans coururent aux armes, lui barrèrent le passage, et le contraignirent de se retirer dans le château de Monte-Chiragolo, situé sur la frontière du Parmesan. Les Autrichiens y furent assiégés par les gardes nationales de Reggio, qui les firent enfin prisonniers par capitulation. Deux Reggiens furent tués. *Ce sont les premiers qui aient versé leur sang pour la liberté de leur pays* (1).

§ IV.

Aussitôt arrivé à Milan, où déjà fructifiaient les germes d'indépendance qu'il y avait laissés, Bonaparte chercha à s'entourer de lumières pour régler avec sagesse les grands changemens qu'il méditait, et seconder le mouvement qui semblait animer les peuples de la Haute-Italie.

---

(1) Lettre de Bonaparte au Directoire. 8 oct. 1796.

Modène désirait suivre l'exemple de Reggio ; mais les cris, les menaces, les attroupemens, tout fut dissipé par la contenance ferme de la garnison. Le conseil de régence, effrayé de ces marques de sédition, fit aussitôt réparer les fortifications de la ville, et, pour sa propre sûreté, renoua ses intelligences avec Wurmser. Profitant de l'éloignement momentané des Français, il avait déjà contribué à ravitailler Mantoue en y envoyant une grande quantité de vivres.

Ces griefs suffisaient à Bonaparte. Il déclara l'armistice avec le duc violé, rompu, et, le 9 octobre, ses troupes entrèrent dans Modène, où les habitans les accueillirent avec transport. Le conseil de régence y fut remplacé par un comité de gouvernement qui, comme celui de Bologne, prêta serment de fidélité à la République française.

Deux jours après, le 11 octobre, le Directoire écrivait à Bonaparte : « La politique et nos intérêts bien entendus et bien envisagés sainement, nous prescrivent de mettre même des bornes à l'enthousiasme des peuples du Milanais, qu'il convient de maintenir toujours dans des sentimens qui nous soient favorables, sans nous exposer à voir prolonger la guerre actuelle par une protection ouverte, et en les encourageant trop fortement à manifester leur indépendance.....

« Ce que nous vous avons dit sur l'indépendance du Milanais s'applique à Bologne, Ferrare, Reggio et Modène, et à tous les autres petits états de l'Italie..... Il convient de presser le duc de Modène d'achever de nous payer les sommes qui nous restent dues en vertu de l'armistice conclu avec ce prince; mais il faut se garder d'armer contre lui les peuples qui lui étaient soumis avant notre arrivée en Italie, *et notre désir est que vous les conteniez dans une dépendance réelle*, jusqu'à ce que notre horizon politique s'éclaircisse, et nous permette de régler définitivement le sort de l'Italie, au moyen de la paix générale..... (1) »

_____

(1) *Mémoires de Napoléon*, tom. IV, pag. 392 et 394.

Une chose fort remarquable, sur laquelle cependant aucun historien ne s'est arrêté, quoiqu'elle ressorte naturellement des dates de la correspondance, c'est que Reggio fit sa révolution le 25 août (8 fructidor an IV), et que ce ne fut que le 2 octobre (11 vendémiaire an v) que Bonaparte en fit part au Directoire, glissant même fort légèrement sur ce fait si important par les conséquences qu'il renfermait. Ces deux chiffres, mieux que toutes les réflexions, peignent la situation du général en chef vis-à-vis des gouvernans (1).

Après avoir signalé les innombrables friponneries qui déshonoraient les administrations de l'armée et s'être engagé à y mettre ordre pendant son séjour à Milan; après avoir adroitement invité le Directoire à déclarer, par un acte officiel,

---

(1) Il est à remarquer que l'empereur Napoléon, oubliant ce qu'avait fait le général Bonaparte pour la liberté italique, prétend, dans les Mémoires qu'il dicta à Sainte-Hélène, que le Directoire seul poussait les peuples à la démocratie.

« l'intérêt que la France prendrait à la Lombardie à la paix générale, » acte indispensable au général pour s'assurer entièrement de la confiance des patriotes, Bonaparte ajoutait : « Cette résolution du gouvernement et l'arrêté qui établirait un gouvernement régulateur et qui reconnaîtrait dès aujourd'hui l'indépendance de la Lombardie, avec quelques modifications pour la durée de la guerre, vaudrait à l'armée autant qu'un secours de trois ou quatre mille hommes.....

« Bologne et Ferrare, n'ayant pas de troupes, sont les plus heureux de tous : on vient d'y établir des surveillans; s'ils font comme les anciens agens militaires de la Lombardie, qui se sont, pour la plupart, sauvés avec une caisse, ils porteront la désolation dans ce beau pays. Je vais avoir soin de m'en faire rendre compte.

« Reggio a fait sa révolution et a secoué le joug du duc de Modène. C'est peut-être le pays qui est le plus prononcé pour la liberté.

« Modène avait essayé d'en faire autant; mais les quinze cents hommes de troupes que le duc y tient en garnison ont fait feu sur le peuple et dissipé l'attroupement. Je crois que le plus court de tout ceci serait de déclarer l'armistice rompu, vu qu'il est encore dû cinq à six cent mille livres, et de mettre cette place à l'instar de Bologne et de Reggio..... Je vous prie de vouloir bien me prescrire vos ordres là-dessus. »

Ces ordres, il ne les attendit pas.

§ V.

Ainsi que Modène et Reggio, Bologne, Ferrare sont situés sur la rive droite du Pô et forment comme une province homogène, des états de Parme à ceux de l'Eglise, de la Toscane au golfe Adriatique. Organisé chacun en petite république séparée, la force leur manquait, et une influence étrangère pouvait agir plus facilement sur eux. Le général législateur résolut de les réunir par un lien fédératif, en attendant qu'il eût assez amorti l'esprit de localité dans ces différentes cités pour les faire marcher toutes quatre sous un même drapeau.

Il donna en conséquence ses instructions au commissaire Salicetti, qui marchait de concert avec lui, non pas comme agent du gouvernement, mais comme propagateur de la liberté en Italie ; et le jour même de son installation, le comité de Modène invita, par une missive, les légations de Ferrare et de Bologne à s'entendre avec lui sur les moyens de fortifier par une alliance la liberté des villes cispadanes (1).

---

(1) Il faut faire attention ici que ces mots *Cispadan* (en deçà du Pô), *Transpadan* (au delà du Pô), ne s'appliquent que par rapport à la situation géographique de Rome, ville capitale de l'Italie. Plusieurs écrivains ne se rendant pas compte de cette raison, et voulant appliquer ces mots par rapport à la France, ont fait une transposition de noms qui jette une grande confusion sur cette partie de leurs ouvrages, et souvent y occasione de graves erreurs, tous les actes officiels du gouvernement n'attachant aux mots *Cispadan* et *Transpadan* que

Dans tous ces grands changemens, toujours s'éloignant des principes du Directoire, Bonaparte fit la part de la noblesse et du clergé. Il pensait avec raison que sans eux, qui possédaient les principales richesses territoriales et qui avaient le plus d'influence sur les esprits, les nouveaux gouvernemens auraient à lutter contre une opposition qui finirait par les déborder, ou ne pourraient se soutenir que par de violens déplacemens et des réactions sanglantes, ce qu'il voulait éviter.

Les nobles et les prêtres qui firent preuve de patriotisme, furent choisis pour faire partie du congrès cispadan, composé de cent députés.

Une assemblée générale eut lieu à Modène. Reggio, Modène, Bologne et Ferrare se déclarèrent à jamais unies sous la protection de la France. L'organisation

---

le sens que nous lui conservons. Plus tard, on verra que l'application des épithètes de *Cisalpine* et de *Transalpine* occasiona une discussion assez vive entre Bonaparte et le Directoire, et non sans raison.

d'une garde nationale sédentaire et d'une légion active de deux mille cinq cents hommes fut décrétée. On envoya à Milan des députés pour encourager les villes libres, de l'autre côté du Pô, à redoubler d'efforts en faveur de la liberté et à fraterniser avec les nouvelles républiques. Une ordonnance déclara « toute espèce de juridiction féodale abolie ; les officiers du régime ducal, de tout genre et de tout grade, conservés jusqu'à nouvel ordre, en attendant les informations prises sur leur conduite ou leur moralité ; tous les droits féodaux, perçus ou à percevoir, réunis à la caisse nationale ; les priviléges odieux de chasse et de pêche soumis à l'examen du Comité ; les biens allodiaux conservés aux feudataires en propriété absolue ; enfin tout ce qui regarde l'abolition instantanée des fiefs et de toute juridiction féodale, étendu aux inféodations faites à titre onéreux. »

Des mutations si subites, les promesses d'améliorations que renfermait encore l'avenir, éblouirent, exaltèrent facilement quelques hommes de la lie du peuple qui, dans leur délire démocratique, ou peut-être excités par une faction intéressée à flétrir d'avance le nouvel ordre de choses, tentèrent de renouveler les saturnales de la France. Le 11 octobre, à Bologne, un arbre de la liberté fut planté au milieu de la grande place, au bruit des instrumens guerriers et des marques les plus vives de l'allégresse générale. Mais bientôt des murmures sinistres se mêlèrent aux cris de joie. Un grand nombre d'habitans de la ville, arrivant de Modène après avoir assisté aux assemblées du congrès, firent part à leurs compatriotes de l'enthousiasme dont étaient animés les Modénois et les Reggiens. Ils leur annoncèrent qu'à la fin de décembre, un second congrès devait décider de la nouvelle forme de gouvernement qui régirait les Etats confédérés.

A ces récits, les uns s'alarmèrent de tant de changemens successifs, capables de mettre en péril les intérêts déjà satisfaits; les autres n'y virent qu'un acheminement vers la démocratie pure, et commencèrent à déclamer hautement contre le sénat bolonais, dont l'existence semblait aux novateurs n'être plus en rapport avec l'égalité républicaine. Les esprits s'échauffèrent; différens excès eurent lieu, qui furent augmentés encore par une populace effrénée, les Birichini. Rêvant sans doute déjà le partage des biens, ils coururent de porte en porte demandant impérieusement du vin pour boire en l'honneur de l'arbre de la liberté. Les habitans qui refusèrent de faire droit à leur réquisition furent pillés, et cette journée, commencée sous de si joyeux auspices, se termina par la confusion et le désordre.

Bonaparte l'apprit et arriva à Bologne. Un des pillards, arrêté, fut condamné aux galères sur-le-champ.

Empressé de rassurer les vrais patriotes, résolu d'effrayer les démagogues et d'empêcher ces harpies politiques d'empoisonner le noble festin auquel il conviait la nation italienne, Bonaparte publia une proclamation, dans laquelle, après avoir félicité les Bolonais sur le bon esprit qui les avait toujours animés jusque là ; après avoir déclaré qu'un peuple libre est celui qui respecte les personnes et les propriétés; que celui qui se livre à des excès est indigne de la liberté, et que l'anarchie produit la guerre intestine et toutes les calamités publiques, il ajoutait : « Je suis l'ennemi des tyrans; mais, avant tout, l'ennemi juré des scélérats, des brigands qui se livrent au pillage. Je ferai fusiller ceux qui, renversant l'ordre social, sont nés pour l'opprobre et le malheur du monde. »

Cette dernière phrase sans doute était peu appropriée à la circonstance. *Je ferai fusiller* s'adressait mal à un peuple que l'on déclarait libre, et l'épée du soldat paraissait déjà sous la toge du législateur. Quoi qu'il en soit, cette proclamation eut son effet. Tout se calma, et les peuples confédérés ne songèrent plus qu'à s'armer pour la défense des droits communs.

§ VI.

L'enthousiasme qui avait présidé aux premières délibérations du congrès cispadan, avait eu son contre-coup à Milan. Déjà, le 22 septembre, au milieu d'une fête destinée à célébrer la fondation de la république française, et à laquelle assistait Bonaparte, ainsi que sa femme, qui était venue le rejoindre en Italie, les Lombards avaient fait éclater les vœux les plus ardens pour être constitués en Etat républicain. Cette ardeur redoubla quand les circonstances semblèrent la favoriser. Ils avaient levé précédemment une légion de trois mille cinq cents hommes, dont le milanais Lahoz, ancien aide de camp du général Laharpe, avait le commandement. Un congrès, composé de patriotes, dirigeait leur administration; mais tout, chez eux, n'était encore que provisoire, et leurs désirs de liberté s'irritant à mesure qu'ils approchaient du but, ils cherchaient à hâter le moment de leur émancipation complète. Les pétitions, les adresses se propageaient pour exprimer cette espérance. Le congrès lombard lui-même, prenant soin de l'entrenir, encourageait, multipliait les clubs patriotiques, et avait appelé les Italiens lettrés à traiter dans un concours cette question importante : *Quel est le gouvernement libre qui convient le mieux à l'Italie?* Le temps n'était plus où Beccaria se plaignait de ce que, dans la nombreuse population de Milan, il n'y eût pas vingt personnes qui aimassent à s'occuper de lectures graves et sérieuses; les écrits, les brochures politiques inondaient la Lombardie, et tous étaient lus avec avidité (1).

Cependant Bonaparte n'osait encore

---

(1) Parmi plusieurs brochures publiées alors à Milan, et que nous possédons, il en est une surtout fort curieuse, en ce qu'elle prouve à quel point, dans leurs brillantes utopies, certains Italiens croyaient déjà toucher à des jours de gloire, de liberté, de puissance, comme si une nouvelle Rome eût pu surgir tout à coup des débris de toutes ces aristocraties débiles. Cette brochure a pour titre : *De la Nécessité d'établir une République en Italie* (de l'imprimerie de Louis Veladini, à Milan, an 4 de la

faire pour cette province ce qu'il avait fait pour les Cispadans. Il pouvait espérer que le Directoire ratifierait les nouvelles

---

République française). L'auteur, qui était un émigré napolitain, s'exprime ainsi, pages 60, 61, 62, 73 et 74 :

« Les vœux des Italiens seraient de faire de toute l'Italie une république une et indivisible, et non pas fédérative.... L'on pourrait réunir tous les pays actuellement conquis par les Français, et les constituer démocratiquement sous le nom de *République Lombarde*. Si l'on avait assez d'égards pour le prêtre de Rome pour laisser subsister sa souveraineté temporelle sur la plupart de ses états et sur les sept collines, au moins ce respect ne devrait pas s'étendre à tous ses domaines, ni empêcher qu'on ne détachât quelques parts précieuses de ces possessions entassées par la barbarie et la superstition.

« Imola, Faenza, Ravenne demanderaient à être réunis à Ferrare et Bologne, tant par la ressemblance des mœurs et du caractère des habitans, que pour fixer, par les grandes divisions de la nature, les limites des différens états. »

Après avoir donné les moyens de républicaniser le Piémont, Naples et la Sicile; de fondre Venise et Gênes dans le grand État Italique, l'auteur continue :

« Ce serait alors que pourraient se réaliser les idées magnifiques reléguées depuis long-temps parmi les songes philosophiques : l'affranchissement de la Grèce, dès long-temps annoncé, ne serait plus l'ouvrage du despo-

formes de gouvernement tentées à Bologne, à Ferrare et dans le Modénois. Ces contrées n'étaient pas dépendantes de l'empire, et leur érection en république ne devait être qu'un faible obstacle à la paix, désirée aussi vivement par le général en chef que par les directeurs. De plus, l'esprit patriotique des Lombards s'annonçait parfois avec un tel caractère d'indépendance, qu'il devait donner à réfléchir à celui même qui d'abord avait pris soin de le faire naître et de l'entretenir. « Il existe trois partis en Lombardie, disait Bonaparte : 1° celui qui se laisse conduire par les Français ; 2° celui qui veut la liberté et se montre même impatient de l'obtenir ; 3° les amis de l'Au-

---

tisme russe ; il serait dû à un peuple généreux et puissant qui y reporterait, avec la liberté, l'ancienne gloire des sciences et des beaux-arts.

« Ce serait aussi le moment de tenter l'ouverture de l'isthme de Suez ; ou bien le Nil offrirait, par Alexandrie, une communication avec la Mer-Rouge, en creusant de nouveaux canaux, en réparant les anciens ; par là, on abrégerait de moitié la route des Indes, etc. »

triche. J'encourage le premier, ajoutait-il ; je contiens le second, et je comprime le troisième. »

§ VII.

Effectivement ce premier parti, qui se laissait conduire par les Français, était composé de patriotes tranquilles et patiens, qui, pleins de confiance dans les hautes qualités du général en chef, se reposaient sur lui-même des soins de leur avenir, approuvaient toutes ses mesures, partageaient leur enthousiasme entre la gloire française et l'indépendance italienne, et attendaient paisiblement, pour être libres, qu'on leur eût donné une liberté toute faite.

Dans le second parti, au contraire, se montraient ces esprits ombrageux qu'avaient d'abord effrayés les excès des Républicains ; ces hommes graves et positifs qui, préjugeant des événemens, ne se laissaient point éblouir par des apparences qui pouvaient être trompeuses. Ils connaissaient les vues du Directoire et la ténacité de l'Autriche. Les triomphes éclatans de Bonaparte, en leur donnant une espèce de garantie contre leurs anciens maîtres, les avaient fait se rallier à la cause de la liberté; mais cette liberté, ils la voulaient réelle. Se méfiant autant de la France que de l'Empire, ils craignaient également de retomber sous le joug de l'un ou de devenir le jouet de l'autre. Ils savaient qu'un peuple n'est libre que par sa force, et qu'il ne lui suffit point d'être déclaré tel par un autre peuple plus puissant, qui, par raison politique ou par caprice, peut briser le lendemain son ouvrage de la veille.

C'était pour complaire à ce second parti, que Bonaparte avait tenté d'obtenir du Directoire un acte public qui pût tranquilliser les patriotes; mais cet acte n'avait point paru. Les méfiances existaient toujours, non contre le général en chef, qu'on aimait à regarder comme italien, et, à ce titre, intéressé au bonheur de la Péninsule. La Ligue noire (c'était le nom que donnaient les Français à ces patriotes ardens, mais soupçonneux) se distinguait autant par sa haine pour l'étranger que par son amour du sol. Elle se résignait aux grands sacrifices que le pays avait eus à supporter. Persuadée même que l'or ne suffit pas pour payer la liberté, elle secondait Bonaparte dans la levée des troupes lombardes, quoique gémissant de les voir composées en partie de Niçards, de Piémontais, de Savoyards, et commandées par des officiers français ou par des nationaux dévoués à la cause française. Mais, en retour de ses sacrifices, la Ligue exigeait une décision prompte sur le ⁓t des villes transpadanes, et entourā Bonaparte de supplications et d'im‑ p tunités.

Ces vrais patriotes, examinant attentiement l'impulsion de la Haute-Italie, royaient y trouver le garant du succès pour l'avenir. Ils espéraient qu'après s'être servis des Français pour chasser les Autrichiens, la liberté italique se lèverait un jour, grande et forte, pour se débarrasser elle-même des Français, si ceux-ci ne satisfaisaient pas à leurs engagemens. Mais ils s'abusaient sans doute. Bonaparte seul avait donné l'essor à leur patriotisme; ses soldats seuls l'avaient protégé; les nationaux n'avaient point pris une part assez active aux événemens pour se trouver à même de continuer le mouvement. Ce n'est qu'au milieu de ces puissantes commotions révolutionnaires, lorsqu'une nation tout entière court aux armes pour son indépendance, qu'on voit surgir tout à coup ces grands citoyens, ces grands généraux improvisés, drapeaux vivans autour desquels les peuples vont se rallier et sans lesquels la force populaire elle-même n'est rien, par défaut d'harmonie et de régularité. Quelles étaient alors les illustrations de l'Italie? des cardinaux et des savans.

§ VIII.

Une nouvelle mesure du général en chef dut alarmer encore les patriotes Lombards. Bonapaate s'occupait d'adjoindre aux for-

-ces milanaises une légion composée de Polonais.

Depuis l'infame partage de leur patrie, les malheureux compagnons de Koksciusko vivaient errans et persécutés, cherchant partout des vengeurs. Ils offrirent leurs services au Directoire qui, ne pouvant incorporer des étrangers dans l'armée républicaine sans violer un article de la constitution, autorisa Bonaparte à les prendre à la solde des villes libres italiennes. Les généraux Dombrowsky, Zayoncheck, accoururent avec leurs compatriotes à Milan. A la vue d'une lance polonaise, les soldats de cette nation, qui servaient dans les rangs de l'Autriche, désertèrent bientôt et vinrent rêver la liberté sous le vieux drapeau de leur patrie. Ainsi se forma ce corps illustre qui devait, plus tard, répandre son sang sur tous les champs de bataille où se montrèrent les Français, les aider à triompher de l'Autriche, de la Prusse et de la Russie, sans pouvoir cependant reconquérir l'indépendance de leur pays.

L'organisation de ce corps, dans le Milanais, répondait doublement aux intentions du général en chef. Avec ces étrangers, qui n'étaient dévoués qu'à lui, il pouvait à la fois contenir les Impériaux et les Italiens. Du reste, les légions cispadanes et lombardes lui servirent non seulement à épouvanter les puissances ennemies ou douteuses, mais elles lui permirent encore de rendre à l'armée active les troupes qui formaient les garnisons des villes.

§ IX.

Tout cependant n'était pas fini pour les républiques cispadanes. Bonaparte les pressait vivement de se réunir en un seul État, libre et gouverné par une constitution. Mais la prééminence à donner à une ville sur les autres, d'anciennes rivalités, l'esprit d'intrigue, et de sourdes manœuvres, paraissaient devoir retarder le moment. Les Bolonais avaient été Guelfes, les Modénois Gibelins : réunis aujourd'hui sous des bannières semblables, ils ne pouvaient pourtant s'affranchir entièrement de ce vieux levain de haine qui les avait animés autrefois ; et le poëme héroï-comique de Tassoni, qui éternisait le souvenir de la guerre entre Modène et Bologne, n'avait pas peu contribué à entretenir l'animosité des deux cités rivales. Le champ de bataille de Fossalte les séparait encore.

Forcé d'aller combattre Alvinzi, le général en chef dut s'éloigner et laisser son ouvrage imparfait. Ce ne fut qu'après les journées d'Arcole que, de retour à Milan, il résolut de vaincre les dernières résistances, et il y réussit. Le congrès dut se rassembler à Reggio, le 27 décembre. La Lombardie reçut du général le droit d'y envoyer une députation. On remarquait parmi les députés : Beccaria et Visconti, nobles démocrates ; le médecin Moscati, depuis sénateur, comte et grand dignitaire de la couronne de fer ; enfin l'avocat Sommariva, depuis l'opulent protecteur des arts. Lorsqu'ils arrivèrent à Reggio, le congrès était déjà assemblé.

On y comptait trente-six Bolonais, vingt Ferrarais, vingt-deux Modénois et un nombre égal de Reggiens. Les premières séances avaient d'abord été orageuses ; Ferrare et Bologne élevaient de hautes prétentions. Cette dernière ville surtout, jalouse de son antique supériorité, réclamait la conservation de quelques uns de ses anciens priviléges. Enfin, après des débats assez vifs, les esprits se calmèrent et tout marcha d'un accord unanime ; l'union des quatre peuples en une République indivisible fut décrétée au milieu d'un enthousiasme difficile à décrire. Bologne en fut déclarée la capitale. On choisit un faisceau pour emblême.

La vue des envoyés lombards donna un nouveau degré d'intérêt à cette séance imposante ; les cris du patriotisme, les élans de la joie redoublèrent. La liberté semblait devoir le même jour planter ses pavillons sur les deux rives du Pô. Les portes furent alors ouvertes au peuple de Reggio qui se précipita dans l'enceinte législative, la figure rayonnante d'espérauce et de bonheur. Le président Facci lui fit part de la nouvelle décision du congrès, alors accueillie par une acclamation générale. Dans ce moment, l'adjudant général Marmont, envoyé par le général en chef, vint encore par sa présence redoubler les transports de l'assemblée. De la salle du congrès l'enthousiasme avait pénétré dans l'intérieur de la ville avec la grande nouvelle; de Reggio, il s'était propagé à Modène, à Bologne, à Ferrare. Partout l'érection de la cispadane fut saluée par des cris, par des chants, par des danses. On vota en double, en triple, le nombre des légions qui déjà s'armaient pour la défense des foyers. La Lombardie renchérit encore sur toutes ces mesures. A Milan, le peuple courut en foule sur la place publique en criant : Souveraineté! indépendance! On arrêta ce mouvement, quoique la Lombardie ne dût pas tarder à se voir déclarée République transpadane.

Au nom de la liberté, Bonaparte recueillait de l'or et des soldats. De toutes parts on courait aux armes. Le cœur de l'Italie semblait battre tout à coup avec force sous une inspiration de guerre. Le cercle de l'indépendance s'étendait au profit de la France, et, gagnant de jour en jour du Mantouan au Tyrol, du Tyrol à la Romagne, courait en s'agrandissant frapper d'épouvante la cour de Rome et les armées de l'empereur.

Le 30 décembre 1796, *jour premier, an premier de la République cispadane, une et indivisible,* le congrès écrivit à Bonaparte pour lui faire part des comices de Reggio. « Recevez, invaincu général, lui disait-il, l'aînée de votre valeur et de votre magnanimité. Vous en êtes le père, vous en êtes le protecteur ; sous vos auspices elle sera debout, inébranlable, et les tyrans s'efforceront en vain de la renverser. Nous avons rempli en partie la haute mission que le vœu libre des peuples nous a confiée, nous l'achèverons bientôt ; mais vous seul pouvez lui donner cette immortalité attachée à votre nom. »
Le jeune général lui répondit avec sagesse

et modération, sans cependant oublier ce qu'exigeait sa position. Il avait appris avec le plus vif intérêt la réunion des deux duchés et des deux légations en une seule république ; mais il les engageait à ne pas oublier que les lois sont nulles sans la force et que leurs premiers regards devaient se fixer sur leur organisation militaire. « Vous vous trouvez dans une situation plus heureuse que le peuple français, ajoutait-il ; vous pouvez parvenir à la liberté sans révolution. »

Ainsi s'élevèrent ces républiques, nobles trophées que Bonaparte devait laisser sur ses champs de bataille. Elles furent le plus honorable résultat de ses conquêtes, puisque la France n'était plus menacée du côté des Alpes.

§ X.

Cependant l'Autriche, victorieuse sur le Rhin, faisait de nouveaux efforts pour reconquérir l'Italie. La Hongrie, l'Illyrie, le Voralberg, fournirent de nouvelles légions aguerries. Les volontaires Viennois, à qui la rapidité des succès de Bonaparte avait à peine permis de prendre rang dans les armées de Wurmser, étaient entièrement organisés. Dès le milieu d'octobre, les corps de Davidowich et de Quasdanowich, complétés par les recrues incessamment dirigées vers le Tyrol, se montaient à près de quarante mille hommes. L'avenir était gros d'événemens.

Wurmser, alors tout-à-fait bloqué dans Mantoue, n'avait plus à combattre que les fièvres et les épidémies qui venaient y décimer ses soldats. De vingt-six mille hommes qu'il avait comptés sous ses ordres en entrant dans la ville, la moitié au plus restait debout; neuf mille hommes étaient dans les hôpitaux, quatre mille étaient morts. Le Séraglio, dont la fertilité lui offrait encore des ressources pour la subsistance de ses troupes, venait de lui être enlevé; toutes ses tentatives de sortie avaient échoué; la disette de vivres commençait à menacer sa garnison; sa cavalerie nombreuse ne faisait que rendre sa position plus difficile. Il ne se laissa cependant point abattre par l'adversité. Tous les chevaux furent tués et salés. C'était dire à ses soldats ce qu'il attendait d'eux.

Le tour d'Alvinzi était venu de se mesurer avec Bonaparte.

FIN.

TABLE DES MATIÈRES.

SUITE DU LIVRE SECOND.

Chapitre VI. Les Républicains poursuivent leurs avantages, et traversent le Pô à Plaisance. — Combat de Fombio. — Mort du général Laharpe. — Combat de Codogno. — Conditions imposées au duc de Parme. — Passage du Pont de Lodi. — Beaulieu se retire vers Mantoue.......... Page 1

Chap. VII. Note sur Milan et d'autres villes de la Lombardie. — Départ de l'archiduc. — Entrée de Bonaparte. — Espoir des patriotes milanais. — Ordres du Directoire. — Excès commis par les Français. — Dispositions hostiles du peuple. 37

Chap. VIII. Esprit du soldat. — Le Directoire veut diviser l'armée d'Italie. — Armistice avec le duc de Modène. — Deuxième proclamation à l'armée. — Révolte de Pavie. — Bonaparte arrive à Brescia.. 61

Chap. IX. Beaulieu renforce la garnison de Mantoue. — Combat de Borghetto. — Augereau entre dans Peschiera. — Alerte de Valeggio. — Séjour de Louis XVIII à Véronne. — Occupation de cette ville par les Français. — Masséna à Rivoli. — Bonaparte sous Mantoue. — Armistice conclu avec Naples, à Brescia. — Wurmser est nommé pour remplacer Beaulieu dans le commandement de l'armée autrichienne.................... Page 92

LIVRE TROISIÈME.

Chap. Ier. Soulèvement des fiefs impériaux. — Arquata. — Griefs contre Gênes. — Projets contre le pape. — Expédition dans l'intérieur de l'Italie. — Entrée à Bologne. — Note sur cette ville. — Entrée à Ferrare, à Faenza. — Armistice avec Rome. — Vaubois en Toscane. — Occupation de Livourne. — Politique avide du Directoire. — Séjour de Bonaparte à Florence. — Insurrection de Lugo. — L'armée retourne vers Mantoue. 123

Chap. II. Masséna sur l'Adige. — Note sur Mantoue. — Arrivée de Bonaparte devant cette ville. — Premier combat sous la place. — Sommation. — Travaux du blocus. — Wurmser entre en campagne. — Situation des deux armées. — Joubert et Masséna en retraite. — Sauret battu à Salo. — Château de Martininque. — Lasalle prisonnier à Brescia.. 161

Chap. III. Alerte au quartier général français. — Mouvement de l'armée. — Sauret délivre Guyeux et Bérard. — Premier combat de Lonato et de Dezenzano. — Entrée de Wurmser dans Mantoue. — Bonaparte passe en revue la division.

d'Augereau. — Combats de Lonato et de Castiglione.................................... Page 184

Chap. IV. Surprise de Lonato. — Bataille de Castiglione.. 205

Chap. V. Suite de la bataille de Castiglione. — Nouveau blocus de Mantoue. — Masséna bat les Autrichiens à la Corona et au Monte-Baldo. — Sauret à la Rocca-d'Anfo et à Torbole. — Conduite des différens Etats de l'Italie pendant les revers essuyés par les Républicains. — Nouveaux excès des Barbets. — Bonaparte, attaqué par les journaux de Paris, est défendu par le général Hoche 223

Chap. VI. Terreur panique des administrations de l'armée. — Mouvement des armées du Rhin. — Échange de prisonniers. — Wurmser se porte sur Mantoue, Bonaparte sur Inspruck. — Bataille de Roveredo. — Passage du défilé de Calliano. — Combat de Lavis. — Les Français à Trente. 244

Chap. VII. Organisation du Trentin. — Bonaparte s'élance sur les traces de Wurmser. — Combat de Primolano. — Prise du fort de Covolo. — Bataille de Bassano. — Wurmser dans Mantoue. — Combat de Saint-Georges...................... 260

Chap. VIII. Retraite des armées d'Allemagne. — État de l'Italie. — Traité avec Gènes et Naples. — Mort de Victor Amédée. — Les Français reprennent possession de la Corse................ 285

Chap. IX. Projets de Bonaparte pour la liberté italienne. — Révolution de Reggio et de Modène.

— Correspondance avec le Directoire. — Confédération des villes cispadanes. — Formation des légions lombardes et polonaise. — La république cispadane est déclarée une et indivisible. — Une nouvelle armée autrichienne se rassemble dans le Tyrol. — Wurmser est de plus en plus resserré dans Mantoue...................... Page 300

FIN DE LA TABLE.

IMPRIMERIE ET FONDERIE DE J. PINARD,
RUE D'ANJOU-DAUPHINE, 8, A PARIS.

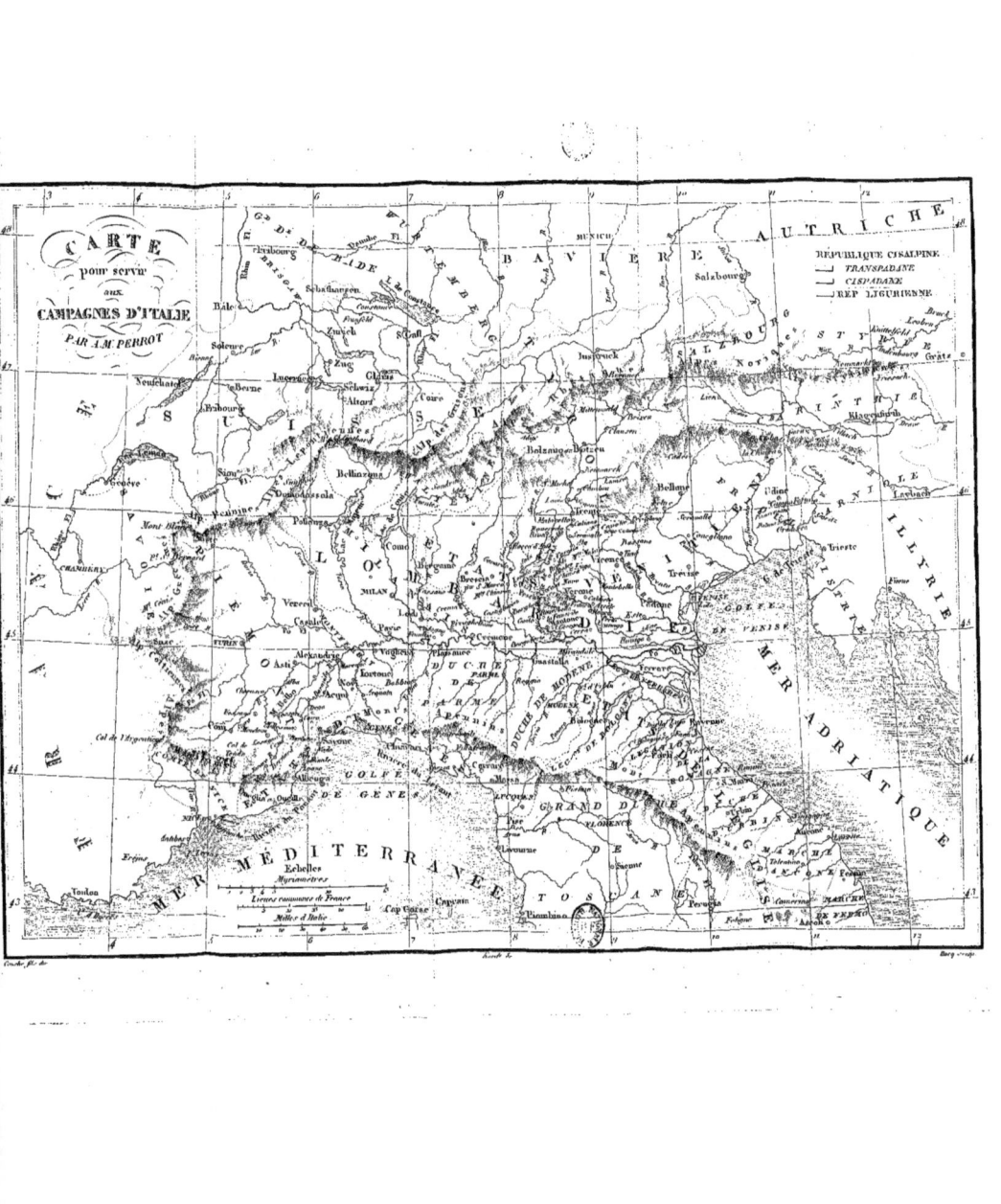

www.ingramcontent.com/pod-product-compliance
Lightning Source LLC
Chambersburg PA
CBHW060328170426
43202CB00014B/2713